Anne Bach
Ursula Tilsner

W0194024

Globales Lernen im Deutschunterricht 8–10

Erkennen, bewerten, handeln – Arbeitsblätter zu zentralen Themen der nachhaltigen Entwicklung

GRATIS-DOWNLOADS
für das Fach Deutsch

Sichern Sie sich 2 originelle, komplett ausgearbeitete Unterrichtsstunden, die aus dem Stegreif in maximal 5 Minuten vorbereitet sind – ideal für Vertretungsstunden.

GRATIS !

Download der Gratis-Materialien unter
www.auer-verlag.de/06644DK1

Wir haben uns für die Schreibweise mit dem Sternchen entschieden, damit sich Frauen, Männer und alle Menschen, die sich anders bezeichnen, gleichermaßen angesprochen fühlen. Aus Gründen der besseren Lesbarkeit für die Schüler*innen verwenden wir in den Kopiervorlagen das generische Maskulinum. Bitte beachten Sie jedoch, dass wir in Fremdtexten anderer Rechtegeber*innen die Schreibweise der Originaltexte belassen mussten.
In diesem Werk sind nach dem MarkenG geschützte Marken und sonstige Kennzeichen für eine bessere Lesbarkeit nicht besonders kenntlich gemacht. Es kann also aus dem Fehlen eines entsprechenden Hinweises nicht geschlossen werden, dass es sich um einen freien Warennamen handelt.

1. Auflage 2021
© 2021 Auer Verlag, Augsburg
AAP Lehrerwelt GmbH
Alle Rechte vorbehalten.

Das Werk als Ganzes sowie in seinen Teilen unterliegt dem deutschen Urheberrecht. Der*die Erwerber*in des Werks ist berechtigt, das Werk als Ganzes oder in seinen Teilen für den eigenen Gebrauch und den Einsatz im Unterricht zu nutzen. Die Nutzung ist nur für den genannten Zweck gestattet, nicht jedoch für einen weiteren kommerziellen Gebrauch, für die Weiterleitung an Dritte oder für die Veröffentlichung im Internet oder in Intranets. Eine über den genannten Zweck hinausgehende Nutzung bedarf in jedem Fall der vorherigen schriftlichen Zustimmung des Verlags.

Sind Internetadressen in diesem Werk angegeben, wurden diese vom Verlag sorgfältig geprüft. Da wir auf die externen Seiten weder inhaltliche noch gestalterische Einflussmöglichkeiten haben, können wir nicht garantieren, dass die Inhalte zu einem späteren Zeitpunkt noch dieselben sind wie zum Zeitpunkt der Drucklegung. Der Auer Verlag übernimmt deshalb keine Gewähr für die Aktualität und den Inhalt dieser Internetseiten oder solcher, die mit ihnen verlinkt sind, und schließt jegliche Haftung aus.

Autor*innen: Anne Bach, Ursula Tilsner
Covergestaltung: Daniel Fischer Grafikdesign München
Illustrationen: Corina Beurenmeister, Steffen Jähde, Torsten Trantow
Satz: Typographie & Computer, Krefeld
Druck und Bindung: Korrekt Nyomdaipari Kft
ISBN 978-3-403-**08428**-3

www.auer-verlag.de

Inhaltsverzeichnis

Inhaltsverzeichnis

Schreibnormen – Sauberes Wasser und Sanitäreinrichtungen

Schreibformen: Zeitungstexte – Kein Hunger

Materialgestütztes Schreiben – Gesundheit und Wohlbefinden

Geschlechterbeziehung in der Literatur – Geschlechtergleichheit

Bereits im Jahr 2007 entschied das Plenum der Kultusministerkonferenz, dass der Lernbereich *Globale Entwicklung* im Rahmen einer *Bildung für nachhaltige Entwicklung* im Unterricht implementiert werden muss. Ziel dabei ist es, in Zeiten von großen globalen Herausforderungen sicherzustellen, dass das Fundament für eine zukunftsfähige Entwicklung durch die Qualität der übermittelten Bildung an unseren Schulen gelegt wird. Unserer Meinung nach ist das Fach Deutsch gut dazu geeignet, Globales Lernen einzubinden und den Lernenden zu veranschaulichen, dass sie Menschen EINER Welt sind.

Die vorliegenden Materialien orientieren sich – basierend auf den 17 Nachhaltigkeitszielen der UN – an den Lehrplänen und curricularen Vorgaben. Sie sollen u. a. den Blick auf das Globale Lernen öffnen und Anregungen liefern, dieses im Unterricht einzusetzen. Die einzelnen Unterrichtseinheiten sind als „Börse" zu betrachten. Die dazugehörigen Arbeitsblätter decken weder das entsprechende Nachhaltigkeitsziel ab noch das genannte Unterthema. Sie sind als ergänzende Materialien gedacht. So müssen bspw. die von uns ausgewählten Gedichte nicht zwingend verwendet werden, sondern es können auch andere Gedichte nach eigenem Belieben eingesetzt werden. Dasselbe gilt für die vorgeschlagenen Schreibformen, die auch untereinander gewechselt werden können.

Für die Lehrkraft ist es notwendig, sich im Vorfeld in den methodisch-didaktischen Überlegungen der jeweiligen Unterrichtseinheit zu informieren, welche Vorleistungen in der Klasse bzw. welche Vorbereitungen bzgl. Bildbereitstellung und Kopien getroffen werden müssen. Auch eine vorherige Einarbeitung in die vorgeschlagenen Texte und Textsorten ist zwingend erforderlich, um eventuell aufkommende Fragen der Lernenden beantworten zu können. Zudem gibt es Aufgaben, die sensibel behandelt werden müssen und u. U. nicht in der Klasse durchgeführt werden können (bspw., wenn es um die Themen Hunger, Frieden oder Armut geht). Insbesondere diese Themen sind nicht für den Vertretungsunterricht geeignet, sondern sollten ausschließlich in einer vertrauensvollen Atmosphäre behandelt werden.

Durch die Unterteilung der Aufgaben auf den Ebenen „Erkennen", „Bewerten" und „Handeln" ist eine Durchführung innerhalb einer Doppelstunde nicht immer möglich. Insbesondere dann, wenn man die Aufgaben ernst nimmt und mit seiner Klasse gewissenhaft umsetzt. Vor allem die Handlungsaufgaben sollen den Lernenden Möglichkeiten bieten, über ihre eigene Verantwortung nachzudenken und sich dieser bewusst zu werden. Dafür ist es unabdingbar, nach Abschluss eines Themas, den Verlauf und die eigene Haltung in der Klassengemeinschaft zu reflektieren.

Die Schüler*innen werden neben Einzelarbeitsphasen, in denen sie oft ihren Lebensalltag und ihr Konsumverhalten reflektieren, zu kooperativen Austauschphasen und Gruppenarbeiten angeleitet, um anschließend (als Klassengemeinschaft) aktiv eine Handlungsaufgabe umzusetzen, in der sie ihren Wissenszuwachs verarbeiten können. In den kooperativen Phasen ist es wichtig, den Lernenden genügend Zeit einzuräumen und in abschließenden Diskussionen auf deren weiterführende Fragen und Ideen einzugehen.

Wir wünschen Ihnen viel Spaß mit den vorliegenden Materialien und hoffen, dass Sie die gleiche Freude und Leidenschaft an diesen Themenbereichen entwickeln wie wir.

Ihre
Anne Bach
Ursula Tilsner

Didaktisch-methodische Überlegungen

Kompetenzen der Unterrichtseinheit

 Rede- und Gesprächskompetenz, Schreibkompetenz

Rede- und Gesprächskompetenz

Die Schüler*innen können …

- Gesprächssituationen dem Zweck und Thema entsprechend adressatengerecht mitgestalten und reflektieren.
- Pro- und Contra-Argumente zu einem Thema vortragen und diskutieren.
- auf Gesprächsbeiträge mittels relevanter Begründungen unter Berücksichtigung der Meinung anderer eingehen.

Schreibkompetenz

Die Schüler können …

- eine Erörterung zum jeweiligen Thema unter Berücksichtigung der für sie relevanten Argumente verfassen.

AB Fast Food

Stundenziele

1. Die Schüler*innen erklären, was sie unter Fast Food verstehen.
2. Die Schüler*innen kennen Nachteile der Fleischproduktion.
3. Die Schüler*innen bewerten die Frage „Macht Fast Food alle satt?"
4. Die Schüler*innen übertragen einen Text in eine andere Darstellungsform.

Vorbereitungen

Für *Aufgabe 1* kann es von Vorteil sein, vorab ein Bild eines Burgers (z. B. aus dem Internet) groß und farbig auszudrucken und für alle sichtbar an der Tafel aufzuhängen.

Erwartungshorizont

Aufgabe 1
Die Lernenden werden vermutlich v. a. Begriffe nennen, die den Geschmack und die Zutaten eines Burgers beschreiben.

Aufgabe 2
Ernährungswissenschaftlich gibt es keine nährstoffbezogene Definition für Fast Food. Entsprechend unterschiedlich werden auch die Vorstellungen der Lernenden sein. Häufig wird unter Fast Food ein Essen „auf die Schnelle" verstanden. Dazu könnten dann beispielsweise auch der Trinkjogurt aus dem Supermarktregal, das Pausenbrot von zu Hause oder die Schnitzelsemmel vom Metzger gehören.

Aufgabe 3
Pro: schnelle und unkomplizierte Zubereitung; kann z. B. durch Obst, Gemüse sowie Vollkornanteile auch gesund sein; (auf den ersten Blick) günstig; macht schnell satt.
Contra: Abholzung des Regenwalds zugunsten des Sojaanbaus und für Weideflächen; Verlust von Anbau- und Wohnflächen für die dortigen Bewohner*innen; kurze Sättigungsphase durch den geringen Anteil an Ballaststoffen; mögliche Gewichtszunahme durch den hohen Anteil an Kohlenhydraten; nur auf den ersten Blick günstig; geringere Haltbarkeit als selbst gekochte Gerichte; haben wenig Vitamine und Ballaststoffe, sondern hauptsächlich Fett, Kohlenhydrate und Zucker; häufig in Plastik verpackt (hoher Verpackungsmüll).

A. Bach/U. Tilsner: Globales Lernen im Deutschunterricht 8–10

A. Bach/U. Tilsner: Globales Lernen im Deutschunterricht 8–10
© Auer Verlag

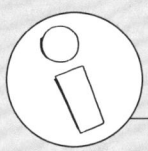

Schreibformen: Erörterung – Nachhaltiger Konsum

Weiterarbeit

Mögliche Fragen für eine weiterführende Diskussion: Welche Antwort habt ihr auf die Frage „Macht Fast Food alle satt" gefunden? Gibt es dazu eine allumfassende Antwort?

 AB Lebensmittelverschwendung

Stundenziele

1. Die Schüler*innen erkennen, dass in Deutschland mehr Lebensmittel konsumiert als produziert werden.

2. Die Schüler*innen werten ein Kreisdiagramm aus und nennen Gründe für die Lebensmittelverluste in den einzelnen Sektoren.

3. Die Schüler*innen nennen Möglichkeiten, die Lebensmittelverschwendung im eigenen Umfeld zu minimieren.

Erwartungshorizont

Aufgabe 1
Die Lernenden werden vermutlich überrascht darüber sein, dass die größten Lebensmittelverluste im privaten Haushalt zu verzeichnen sind; 42 % private Haushalte, 39 % Herstellung, 14 % Gastronomie, 5 % Groß- und Einzelhandel.

Aufgabe 2a
Haushalt: zu viel gekauft; mehrere Personen kaufen gleichzeitig ein; einkaufen, wenn man hungrig ist; Zubereitung zu großer Portionen.
Gastronomie: es wird für zu viele Gäste eingekauft; zu große Portionen.
Herstellung: Lebensmittel werden beschädigt und können nicht mehr verkauft werden; Lebensmittel verderben durch eine falsche Lagerung.
Groß- und Einzelhandel: Kühlkette wird unterbrochen; Kunden kaufen weniger Ware, als erwartet; Haltbarkeitsdatum ist überschritten; Verpackungsmängel.

Aufgabe 2b
Ursachen: siehe *Aufgabe 2a*
Folgen: Ressourcenverschwendung (z. B. Wasser, Energie, Anbauflächen), Geldverschwendung, steigende Lebensmittelpreise, hungernde Menschen in Entwicklungsländern.

Aufgabe 3
Nur so viel einkaufen, wie man auch benötigt; mit Einkaufsliste einkaufen gehen; sich beim Einkaufen nicht verleiten lassen (z. B. von Sonderangeboten); Lebensmittel (rechtzeitig) in geeigneten Behältnissen aufbewahren; nicht hungrig einkaufen gehen; nicht zu viel auf Vorrat kaufen; abgelaufene Lebensmittel nicht sofort entsorgen; Lebensmittel nicht aus optischen Gründen entsorgen; Reste kühl stellen bzw. einfrieren.

Weiterarbeit

Mögliche Fragen für eine weiterführende Diskussion: Werden bei euch zu Hause Lebensmittel weggeworfen? Falls ja, warum? Gibt es Vorbehalte gegenüber abgelaufenen Lebensmitteln und sind diese berechtigt?
Im Anschluss an die Lerneinheit könnte mit der Klasse noch das Thema Foodsharing besprochen werden. Zudem könnten die Lernenden darauf hingewiesen werden, dass es Apps gibt, die dabei helfen, Lebensmittel vor der „Tonne" zu schützen (z. B. „Beste Reste", „Too Good To Go" etc.).

 AB Smartphone-Produktion

Stundenziele

1. Die Schüler*innen lernen Faktoren kennen, die ein Smartphone eigentlich unbezahlbar machen.

2. Die Schüler*innen bilden sich eine Meinung für oder gegen den Kauf eines immer neuen Smartphones.

3. Die Schüler*innen erkennen, dass sie selbst zur Verbesserung der Arbeitsbedingungen bei der Smartphone-Produktion beitragen können.

Erwartungshorizont

Aufgabe 1

Verarbeitung wertvoller Rohstoffe; Raubbau durch den Abbau der Rohstoffe; Abbau erfolgt ohne Sicherheitsvorkehrungen für die Arbeiter*innen; Verschwendung der Ressourcen zu Lasten der Bevölkerung und der Umwelt.

Aufgabe 2

Pro: man ist immer auf dem neuesten technischen Stand; leistungsstärkeres Smartphone; man gehört dazu.

Contra: Raubbau in den Abbaugebieten; Ressourcenverschwendung; unfaire Bezahlung der Arbeiter*innen; Einsatz von Kindern bei der Herstellung; unsichere Arbeitsbedingungen.

Weiterarbeit

Mögliche Fragen für eine weiterführende Diskussion: Was hat dich beim Thema Smartphone-Produktion am meisten überrascht? Welche Faktoren könnte man ändern, um die Lebenssituation der an der Produktion beteiligten Arbeiter*innen zu verbessern?

Im Anschluss an die Lerneinheit könnten die Lernenden darauf hingewiesen werden, dass es auch Smartphones gibt, die unter möglichst fairen Bedingungen hergestellt werden (z. B. Fairphone, Shiftphone).

 AB Textilherstellung und -vernichtung

Stundenziele

1. Die Schüler*innen erkennen, dass Kleidung oft weggeworfen wird und tauschen sich über ihre Erfahrungen diesbezüglich aus.

2. Die Schüler*innen beschreiben mögliche Alternativen zur Kleidervernichtung.

3. Die Schüler*innen informieren sich darüber, wo und unter welchen Bedingungen Kleidung hergestellt wird.

Vorbereitungen

Für *Aufgabe 1* kann es von Vorteil sein, vorab ein Bild mit mehreren Altkleidersäcken (z. B. aus dem Internet) groß und farbig auszudrucken und für alle sichtbar an der Tafel aufzuhängen. Für die Recherche in *Aufgabe 3* ist es notwendig, dass alle Lernenden einen Zugang zum Internet haben.

Erwartungshorizont

Aufgabe 1

Sehr viele Säcke aus Plastik; Inhalt der Säcke ist eher „weich"; könnten Stoffreste oder Kleidungsstücke sein → Altkleidersäcke aus einem Sammelbehälter.

Aufgabe 2b

Kleidung zu klein bzw. groß, gefällt nicht mehr, liegt nicht mehr im Trend, ist kaputt; zu viel Kleidung im Schrank; kein Platz mehr.

Aufgabe 2c

Verkauf auf Flohmärkten oder Kleiderbörsen im Internet, Abgabe in Sozialkaufhäusern oder Secondhand-Läden, Upcycling, Tausch von Kleidung.

Aufgabe 3

Kleidung wird oft in Billiglohnländern unter menschenunwürdigen Bedingungen und unter dem Einsatz von Kinderarbeit hergestellt; lange Produktionsketten mit weiten Transportwegen.

A. Bach/U. Tilsner: Globales Lernen im Deutschunterricht 8–10
© Auer Verlag

Aufgabe 4

Pro: Mode ändert sich ständig; Kleidung ist relativ preiswert; „Shoppen" als Freizeitbeschäftigung mit Freund*innen.

Contra: Kleidung kann getauscht oder gebraucht gekauft werden; Kleidung wird oft unter unmenschlichen Bedingungen hergestellt; billige Kleidung hat eine kurze Lebensdauer.

Weiterarbeit

Mögliche Fragen für eine weiterführende Diskussion: Was hat dich beim Thema Textilherstellung am meisten überrascht? Hast du schon einmal Secondhand-Kleidung auf Flohmärkten oder Kleiderbörsen im Internet (z. B. Vinted) gekauft? Welche Erfahrungen hast du damit gemacht?

 ## AB Land Grabbing

Stundenziele

1. Die Schüler*innen erkennen, dass durch Land Grabbing die Existenzgrundlage der Kleinbauern*bäuerinnen komplett und dauerhaft vernichtet wird.

2. Die Schüler*innen erörtern, warum es für eine*n Kleinbauern*bäuerin wichtig ist, das Land zu behalten.

Vorbereitungen

Für die Aufnahme eines Podcasts in *Aufgabe 3* müssen Smartphones an der Schule erlaubt sein.

Erwartungshorizont

Aufgabe 1a

Schwache Regierungen lassen sich eher „kaufen". Sie schöpfen persönliche Vorteile aus dem Verkauf des Landes (z. B. durch eine Beteiligung an den Profiten) oder werden mit Versprechungen wie dem Zugang zu sauberem Wasser, dem Ausbau der Infrastruktur, mehr Arbeitsplätzen, dem Bereitstellen neuer Technologien oder neuer Anbaumethoden „geködert". Die Folgen für die Bewohner*innen des Landes werden bei den Geschäften nicht bedacht oder bewusst in den Hintergrund gedrängt. Außerdem gibt es in Staaten mit korrupten Regierungen keine Kontrolle durch unabhängige Personen, die nicht vom Geschäft profitieren.

Aufgabe 1b

Großkonzerne kaufen häufig Land, das bisher von Kleinbauern*bäuerinnen genutzt wurde. Da Eigentum in wenig entwickelten Regionen nicht immer schriftlich registriert ist, können die Kleinbauern*bäuerinnen ihren Besitzanspruch nicht geltend machen. Ihr Land wird ihnen dann ohne eine entsprechende Entschädigung aberkannt. Die Existenzgrundlage der Kleinbauern*bäuerinnen wird somit komplett und dauerhaft vernichtet, ohne dass diese in irgendeiner Weise dagegen vorgehen können. Der Großkonzern kommt durch den Landraub günstig an Anbaufläche und kann dadurch seinen Gewinn maximieren.

Aufgabe 2

Für Kleinbauern*bäuerinnen ist ihr Land wichtig, um den Lebensunterhalt ihrer Familie zu sichern und um unabhängig von Großkonzernen zu bleiben. Durch den Verkauf der angebauten Lebensmittel kann den Kindern evtl. ein Schulbesuch und somit ein besseres Leben ermöglicht werden.

Aufgabe 3

Für die Erstellung eines Podcasts sollten die Jugendlichen den entsprechenden Text zum Thema zunächst aufschreiben, dann flüssig und fehlerfrei vortragen und schließlich auf ihrem Smartphone aufnehmen. Beim anschließenden Abhören fallen ihnen oft noch grammatikalische oder logische Fehler auf. Die Aufnahme kann so lange wiederholt werden, bis die Zeit abgelaufen oder die Aufnahme perfekt ist. Zur Bewertung können die aufgenommenen Podcasts schließlich per Mail an die Lehrkraft verschickt werden.

A. Bach/U. Tilsner: Globales Lernen im Deutschunterricht 8–10
© Auer Verlag

 **Erkennen**

Aufgabe 1

Beschreibe das folgende Bild.

© arska n – stock.adobe.com

Aufgabe 2

a) Erkläre in Stichpunkten, was für dich Fast Food ist. Gehört der Burger deiner Meinung nach dazu?

b) Vergleiche deine Meinung mit der deines Partners und besprecht Gemeinsamkeiten und Unterschiede.

 Bewerten

Infotext: Sojaanbau und Fleischproduktion

Soja ist eine sehr eiweißhaltige Nutzpflanze und daher besonders attraktiv als Mastfutter in der Viehhaltung. Um 1 kg Fleisch zu produzieren, braucht man knapp 12 kg Sojaschrot. Auf 1 ha können in den Tropenländern pro Jahr 2.600 kg Soja geerntet werden. Das führt dazu, dass riesige Flächen Regenwald gerodet und als Anbaufläche für Sojabohnen verwendet werden. Zusätzlich wird Regenwald abgeholzt, damit z. B. in Brasilien riesige Rinderherden weiden können. Um Plantagen oder Weiden anzulegen, werden die Waldbewohner meist brutal von ihrem Land vertrieben. Die Folgen für die Familien sind Krankheiten, Hunger und Armut.

In Deutschland liegt der jährliche Pro-Kopf-Verbrauch von Fleisch- und Wurstwaren bei ca. 80 kg. Länder wie Australien, USA oder Argentinien knacken sogar die 100 kg-Grenze.

Aufgabe 3

a) Notiere die Nachteile der Fleischproduktion, die im Text zu finden sind. Kennst du noch weitere Nachteile?

b) Schreibe eine Erörterung zum Thema „Macht Fast Food alle satt?"

 Handeln

Aufgabe 4

Entwerft in Partnerarbeit einen Infoflyer zum Thema Fast Food und stellt diesen den anderen Klassenmitgliedern vor.

A. Bach / U. Tilsner: Globales Lernen im Deutschunterricht 8–10
© Auer Verlag

 *Lebensmittelverschwendung*

Erkennen

> **Infotext: Lebensmittelbedarf**
>
> Während in den Industrieländern (v. a. auf der nördlichen Hemisphäre) zu viele Lebensmittel angeboten werden, hungern Menschen auf der Südhalbkugel.
> In Deutschland konsumieren wir mehr Lebensmittel als wir selbst anbauen. Wir geben rund 13 % unseres Einkommens pro Haushalt für Lebensmittel aus – einen Teil davon entsorgen wir im Müll. Im Gegensatz dazu müssen Familien in Entwicklungsländern bis zu 70 % ihres Einkommens für Grundnahrungsmittel aufbringen. Nachteilig wirken sich hierbei die geringe Produktivität der Landwirtschaft (v. a. in afrikanischen Ländern), die schlechten Erzeugerpreise für die produzierenden Bauern und die ständig steigenden Nahrungsmittelpreise aus.

Aufgabe 1

a) Betrachte das Kreisdiagramm „Lebensmittelverluste" und die nebenstehenden Bereiche. Überlege dir, welche Prozentzahlen zu welchem Bereich gehören und begründe deine Zuordnung.

b) Vergleiche deine Einschätzung mit der von deiner Lehrkraft genannten tatsächlichen Zuordnung. Wo lagst du mit deiner Einschätzung richtig, wo nicht? Tausche dich mit deinem Partner darüber aus.

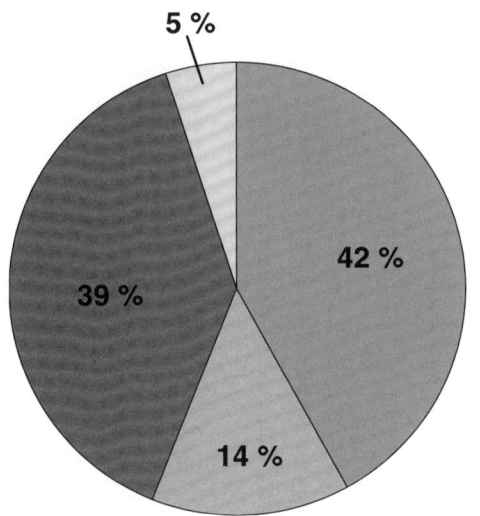

Kreisdiagramm: Lebensmittelverluste

Bereiche:

private Haushalte

Gastronomie

Herstellung

Groß- und Einzelhandel

© eigene Darstellung, Zahlen nach Bundesamt für Umwelt, Naturschutz und nukleare Sicherheit

Bewerten

Aufgabe 2

a) Welche Gründe siehst du in den einzelnen Bereichen, Lebensmittel wegzuwerfen? Diskutiert darüber in der Klasse und schreibt eure Ergebnisse an die Tafel.

b) Schreibe eine Erörterung zu den Ursachen und Folgen der Lebensmittelverschwendung.

Handeln

Aufgabe 3

Welche Möglichkeiten siehst du für dich, um eine Verschwendung von Lebensmitteln im eigenen Umfeld zu minimieren? Stelle deine Lösungsansätze der Klasse vor.

A. Bach/U. Tilsner: Globales Lernen im Deutschunterricht 8 – 10
© Auer Verlag

Smartphone-Produktion

 Erkennen

Aufgabe 1

Lies den Infotext „Smartphone-Produktion" durch. Beschreibe anschließend die Faktoren, die ein Smartphone eigentlich unbezahlbar machen und notiere diese in deinem Heft.

Infotext: Smartphone-Produktion

© Scanrail – stock.adobe.com

Im Osten des Kongo werden wertvolle Rohstoffe für die Smartphone-Produktion geschürft: Coltan, Wolfram, Kassiterit oder Gold sind notwendig, um die Speicher-chips von Smartphones herzustellen. Der Abbau dieser Rohstoffe erfolgt unter Tage (unterirdisch) ohne jegli-che Sicherheitsvorkehrungen und Schutzmaßnahmen, wie z. B. Schutzhelme oder Arbeitshandschuhe. Die ge-schürften Materialien werden schließlich an der Erd-oberfläche ausgewaschen. Die Wäscher stehen dabei z. T. hüfthoch im schlammigen, manchmal verseuchten Wasser. Danach werden die 40–60 kg schweren Säcke von Trägern viele Kilometer durch den Urwald geschleppt. Hitze und hohe Luft-feuchtigkeit erschweren die Arbeit zusätzlich.

Ein weiterer Aspekt bei der Smartphone-Herstellung sind die weit auseinanderliegenden Produk-tionsstätten. In Chile beispielsweise wird unter großem Energieaufwand Kupfer abgebaut, das Gold kommt aus Südafrika und das Silber aus Russland. Gold, Silber und Kupfer besitzen eine gute Leitfähigkeit, weshalb sie zusammen mit anderen Metallen für die Leiterplatte eines Smartphones eingesetzt werden. Die Leiterplatte mit den Rohstoffen wird schließlich nach China transportiert, wo die Halbfabrikate (d. h. Einzelteile) für das Smartphone hergestellt werden. Anschließend geht es weiter nach Malaysia, wo die Halbfabrikate zusammengesetzt und verpackt werden. Danach reist das fertige Smartphone nach Finnland zu einem großen Smartphone-Hersteller und bekommt das Label „Made in Finnland". Zuletzt wird das Gerät nach Deutschland geliefert und dort verkauft. Im Jahr 2019 wurden in Deutschland etwa 22 Millionen Smartphones verkauft. Durchschnittlich wird ein Smartphone nur 18 Monate genutzt.

 Bewerten

Aufgabe 2

a) Sammle Argumente, die für und gegen den Kauf eines immer wieder neuen Smartphones nach nur wenigen Monaten sprechen. Schreibe die Argumente in dein Heft.

b) Schreibe anschließend eine Erörterung zum Thema „Ein ständig neues Smartphone – muss das sein?"

Handeln

Aufgabe 3

Sammelt in eurer Familie und eurem Bekanntenkreis alte Smartphones, da diese noch immer wertvol-le und teils seltene Rohstoffe enthalten. Gebt die gesammelten Smartphones beim Naturschutzbund Deutschland (NABU) oder beim Bund für Umwelt und Naturschutz (BUND) ab. Dort werden sie einem Recyclingbetrieb übergeben, der die enthaltenen Rohstoffe schließlich wiederaufbereiten kann.

A. Bach / U. Tilsner: Globales Lernen im Deutschunterricht 8–10
© Auer Verlag

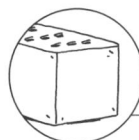

Textilherstellung und -vernichtung

 Erkennen

Aufgabe 1

Beschreibe das folgende Bild.

© Supakorn Limteerayos – Shutterstock

 Bewerten

Aufgabe 2

a) Viel Kleidung wird offenbar weggeworfen. Überlege dir, wie viele T-Shirts und Jeanshosen du selbst besitzt. Wie viele davon ziehst du auch wirklich an? Hast du selbst schon Kleidung weggeworfen?

b) Sammelt gemeinsam an der Tafel Gründe, die euch dazu bewogen haben, Kleidung wegzuwerfen.

c) Nennt Alternativen zur Kleiderentsorgung und notiert diese ebenfalls an der Tafel.

Aufgabe 3

Recherchiere im Internet, wo und unter welchen Bedingungen Kleidung hergestellt wird. Diskutiert anschließend in der Klasse über eure Ergebnisse.

Aufgabe 4

Schreibe eine Erörterung zum Thema „Mode – gestern gekauft, heute weggeworfen. Kaufen Jugendliche ohne Moral?"

 Handeln

Aufgabe 5

Organisiert einen Kleiderflohmarkt in eurer Klasse. Bringt dazu Kleidungsstücke mit, die ihr selbst nicht mehr tragt, weil sie euch nicht mehr gefallen oder zu klein sind. Vielleicht findet ihr jemanden in eurer Klasse, der die Kleidung gerne tragen würde.

A. Bach/U. Tilsner: Globales Lernen im Deutschunterricht 8–10
© Auer Verlag

Land Grabbing

 Erkennen

Aufgabe 1

Lies den Infotext „Land Grabbing" und beantworte anschließend folgende Fragen:

a) Warum ist es in Ländern mit einer schwachen Regierung einfacher, durch Land Grabbing Land zu erhalten?

b) Welche Gefahren bestehen bei solchen „Landgeschäften" hinsichtlich der Verteilung?

Infotext: Land Grabbing

Land Grabbing ist die Landwegnahme bzw. der Landraub durch private Unternehmen. Land Grabbing ist hauptsächlich in den Schwellen- und Entwicklungsländern verbreitet. Unternehmen kaufen (oder pachten) dabei große Ländereien. Diese gelangen durch eine ungerechte Verteilung oder Korruption häufig in den Besitz der ausländischen Firmen, ohne dass deren Besitzer gefragt wurden. Meist werden die Ländereien von Großkonzernen für die Produktion von Biotreibstoffen oder von Futtermitteln für die Fleischproduktion übernommen.

© nuvolanevicata – stock.adobe.com

Allein in Afrika haben in den letzten Jahren etwa 5 % der gesamten Ackerfläche ihren Besitzer gewechselt. Die häufigsten Landnahmen wurden dabei in Ländern mit besonders unsicheren Rechtsverhältnissen und einem hohen Anteil Hungernder getätigt. Dazu zählen die Demokratische Republik Kongo, der Sudan, Mosambik, Äthiopien und Sierra Leone. Da das Eigentum an den Ländereien in der Regel nicht schriftlich registriert ist, verlieren die Menschen ihr Land meist ohne Entschädigung. Dies betrifft v. a. Kleinbauern.

 Bewerten

Aufgabe 2

a) Versetze dich in die Lage eines afrikanischen Kleinbauern und schreibe in Form einer Erörterung, warum es für ihn wichtig ist, sein Land zu behalten.

b) Tauscht euch zu euren Argumenten in der Klasse aus.

Handeln

Aufgabe 3

Erstellt einen Podcast zum Thema „Land Grabbing". Ihr könnt diesen z. B. beim Pausenradio abspielen oder auf die Homepage eurer Schule stellen.

A. Bach/U. Tilsner: Globales Lernen im Deutschunterricht 8–10
© Auer Verlag

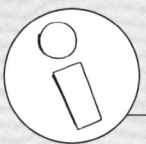

Didaktisch-methodische Überlegungen

Kompetenzen der Unterrichtseinheit

 Rede- und Gesprächskompetenz, Schreibkompetenz

Rede- und Gesprächskompetenz

Die Schüler*innen können …

● auf Gesprächsbeiträge mittels relevanter Begründungen unter Berücksichtigung der Meinung anderer eingehen.

Schreibkompetenz

Die Schüler können …

● Konflikte und deren Ausgestaltung in literarischen Texten aufzeigen und in Bezug zu ihrer eigenen Lebenswelt setzen.

● Texte, in denen der Konjunktiv verwendet wird, in den Indikativ setzen und umgekehrt.

AB Kinderarbeit

Stundenziele

1. Die Schüler*innen formulieren einen Text in den Indikativ um.

2. Die Schüler*innen diskutieren darüber, ob der Gebrauch des Konjunktivs beim Thema Kinderarbeit angebracht ist.

3. Die Schüler*innen informieren sich im Internet über die Kriterien von Fairtrade-Siegeln.

Vorbereitungen

Für die Recherche in *Aufgabe 2* ist es notwendig, dass alle Lernenden einen Zugang zum Internet haben. Für *Aufgabe 3* sollten den Lernenden mehrere große Plakate oder Flipchart-Papier sowie farbige Eddings zur Verfügung gestellt werden.

Erwartungshorizont

Aufgabe 1a

Im Internet findet man über Kinderarbeit folgende Aussagen: Bei der Definition von Kinderarbeit <u>ist</u> zwischen einer legalen Beschäftigung von Kindern und Jugendlichen und der ausbeuterischen Arbeit von Kindern zu unterscheiden. Legale Arbeit von Kindern <u>besteht</u> z. B. in der Hilfe im Haushalt, im Zeitung austragen oder auch im Babysitten. Die ausbeuterische Kinderarbeit <u>definiert</u> sich als Arbeit, die die seelische und körperliche Entwicklung des Kindes <u>schädigt</u>. Darunter <u>fallen</u> z. B. schwere Arbeiten in Steinbrüchen, das Tragen schwerer Lasten, Textilarbeit in Bangladesch, die Arbeit in Goldminen in Burkina Faso oder auf den Kakaoplantagen an der Elfenbeinküste. Die Kinder <u>schuften</u> unter Arbeitsbedingungen, die gefährlich <u>sind</u>, da in der Regel keine Schutzmaßnahmen <u>beachtet werden</u>. Sie <u>arbeiten</u> unter extremen Bedingungen und <u>werden</u> so ihrer elementaren Rechte <u>beraubt</u>. Weltweit <u>ist</u> jedes zehnte Kind im Alter von 5–17 Jahren von Kinderarbeit betroffen. Zur schlimmsten Form der Kinderarbeit <u>zählt</u> die Zwangsarbeit. Dazu <u>gehören</u> z. B. der Einsatz von Kindersoldaten, der Missbrauch der Kinder als Drogenkuriere oder Kinderpornographie. Das <u>sind</u> Verbrechen an unschuldigen Kindern. Inzwischen <u>haben</u> sich fast alle Staaten darauf geeinigt, dass Kinderarbeit in jeglicher Form bis zum Jahr 2025 vollständig abzuschaffen <u>ist</u>.

Aufgabe 1b

Kinderarbeit kommt in allen Ländern der Welt vor und ist in den Entwicklungsländern nahezu Normalität. Der Infotext stellt demnach die Wirklichkeit dar, weshalb der Indikativ passender ist.

Aufgabe 2

Die Kriterien von Fairtrade-Siegeln können z. B. auf https://utopia.de/siegel/fairtrade-siegel-bedeutung-kritik/ recherchiert werden.

A. Bach / U. Tilsner: Globales Lernen im Deutschunterricht 8 – 10
© Auer Verlag

Soziale Kriterien: Zugang zu Trinkwasser und medizinischer Versorgung, geregelte Arbeitsbedingungen, Gemeinschaftsprojekte, Verbot ausbeuterischer Kinderarbeit, Diskriminierungsverbot.

Ökologische Kriterien: umweltschonender Anbau, Schutz natürlicher Ressourcen, Verbot gefährlicher Pestizide, kein gentechnisch verändertes Saatgut, Förderung des Bioanbaus.

Ökonomische Kriterien: stabile Mindestpreise, fairer Lohn für die Produzenten, transparente und langfristige Handelsbeziehungen, Vorfinanzierung und Kredite, Fortbildungen, feste Abnahmepreise.

Für die Kinderarbeit ist insbesondere im Rahmen der sozialen Kriterien das Verbot der ausbeuterischen Kinderarbeit ausschlaggebend.

Aufgabe 3
Bei der Gestaltung des Plakats sollten v. a. auch die dargestellten Begriffe (Rechte, Freiheit, Hoffnung, Zwang etc.) thematisiert werden.

Weiterarbeit

Mögliche Fragen für eine weiterführende Diskussion: Welche Unterschiede lassen sich bei den verschiedenen Fairtrade-Siegeln erkennen und welche Konsequenzen ergeben sich daraus? Welche Möglichkeiten siehst du für dich, bei der Vermeidung von Kinderarbeit mitzuwirken?

 ## AB Patenschaft für ein Kind

Stundenziele

1. Die Schüler*innen kennen die Unterschiede von religiösen und säkularen Patenschaften.
2. Die Schüler*innen formulieren einen Text in den Konjunktiv um.
3. Die Schüler*innen wägen in einer Diskussion die Vor- und Nachteile einer Klassen-Patenschaft für ein Kind ab und treffen eine begründete Entscheidung.

Erwartungshorizont

Aufgabe 2
Der Infotext sollte den Lernenden deutlich machen, dass Patenschaften sowohl im religiösen als auch im weltlichen Bereich eine Bedeutung haben und dass Organisationen, die Patenschaften anbieten, verschiedene Inhalte und Ziele haben.

Aufgabe 3
Alle Kinder haben ein Recht auf Bildung. Die Arbeit verschiedener Organisationen könnte nachhaltig auf die Kinder, aber auch auf die Gemeinde wirken. Fördergelder müssten von den Institutionen aufgebracht werden, um Projekte durchführen zu können. Die Lebenslage der Kinder und ihrer Familien könnte durch Patenschaften verbessert werden. Patenschaften appellieren häufig an die Gefühle und die Spendenbereitschaft anderer Menschen. Patenschaften könnten bei den übrigen Kindern vielleicht auch Neid erzeugen. Wäre Selbsthilfe nicht sinnvoller? Was geschieht eigentlich mit dem Betrag, der monatlich überwiesen wird? Oftmals werden Hoffnungen geweckt, die nicht erfüllt werden können. Die Organisationen sagen: „Kinderrechte sind bei unserer Arbeit von zentraler Bedeutung, sowohl die Einhaltung als auch deren Umsetzung". Persönliche Kontakte (z. B. ein Besuch bei dem Patenkind) könnten ermöglicht werden. Soziale und gesellschaftliche Verantwortung zu übernehmen, wäre allerdings auch auf andere Art möglich. Kritik an persönlichen Patenschaften ist immer wieder in den Medien aufgetaucht.

Aufgabe 4
Vorteile: „gutes Gefühl", geholfen zu haben; es wird nicht nur dem Patenkind, sondern auch dessen Familie geholfen; das Patenkind kann durch die finanzielle Unterstützung evtl. zur Schule gehen und medizinisch versorgt werden; eine berufliche Bildung ist die Basis für ein späteres eigenes Einkommen.

Nachteile: nicht immer klar, wie viel Geld der Spende tatsächlich dem Kind zugutekommt; Erzeugung von Erwartungen (von Seiten des Kindes, aber auch des Paten), die dann evtl. nicht erfüllt werden; eine individuelle Patenschaft grenzt das Kind von den anderen Kindern im Dorf ab, da es verschiedene Vorteile genießen kann, die den anderen Kindern nicht offenstehen.

A. Bach/U. Tilsner: Globales Lernen im Deutschunterricht 8–10
© Auer Verlag

Weiterarbeit

Mögliche Fragen für eine weiterführende Diskussion: Was hat dich beim Thema Patenschaften am meisten überrascht? Könntest du dir vorstellen, dass deine Familie eine Patenschaft für ein Kind aus einem Entwicklungsland übernimmt? Würdest du anderen eine Patenschaft empfehlen?

 ## AB Teufelskreis der Armut

Stundenziele

1. Die Schüler*innen erläutern die aufeinander einwirkenden Faktoren im „Teufelskreis der Armut".

2. Die Schüler*innen beschreiben Möglichkeiten, den „Teufelskreis der Armut" zu durchbrechen.

Vorbereitungen

Für *Aufgabe 2* sollten den Lernenden ausreichend Plakatstreifen und Eddings zur Verfügung gestellt werden.

Erwartungshorizont

Aufgabe 1
Die Lernenden sollten die Abhängigkeiten der einzelnen Faktoren im „Teufelskreis der Armut" erkennen und sich mit dem Problem auseinandersetzen. Armut kann verschiedene Ursachen haben (z. B. Arbeitslosigkeit, Krankheit, abgebrochene Schulausbildung). Oft bringen diese Ursachen weitere Folgen mit sich. So kann z. B. auf Krankheit Arbeitslosigkeit folgen usw. Man spricht vom „Teufelskreis der Armut", wenn sich die einzelnen Faktoren gegenseitig bedingen bzw. verstärken und der*die Einzelne den Kreislauf nicht mehr aus eigener Kraft durchbrechen kann.

Aufgabe 2
Bessere Bildungschancen ermöglichen (z. B. durch Patenschaften); Gesundheit verbessern (z. B. durch den Kauf von Bio-Produkten und die Vermeidung der Kinderausbeutung), Einkommen erhöhen (z. B. durch den Kauf von Fairtrade-Produkten).

AB Welt ohne Armut

Stundenziele

1. Die Schüler*innen analysieren ein Bild unter verschiedenen Gesichtspunkten.

2. Die Schüler*innen schreiben einen Text im Konjunktiv zum Thema „Wäre eine Welt ohne Armut denkbar?"

3. Die Schüler*innen erstellen eine Collage zum Thema und präsentieren diese.

Vorbereitungen

Das AB wird vorerst nur an die Hälfte der Klasse verteilt. Somit hat die andere Hälfte das Bild für die Bildbeschreibung in *Aufgabe 1* noch nicht vorliegen und kann rein aus der Beschreibung das Thema ableiten. Für das Erstellen der Collage in *Aufgabe 4* sind mehrere Materialien (z. B. größere Plakate, farbiges Tonpapier, Zeitungen, Tapetenrolle, Filzstifte, Eddings etc.) bereitzustellen.

Erwartungshorizont

Aufgabe 1
Mögliche Themen, die genannt werden könnten: Hunger, Armut, Gerechtigkeit, Vielfalt, Hoffnung etc.

Aufgabe 2
Verschiedene Hände, die zusammen eine leere Schale in die Höhe halten; es könnten Kinderhände sein; vermutlich sind die Menschen hungrig und arm; das Bild soll dem Betrachter das Problem des Hungers und der Armut auf der Welt bewusst machen.

A. Bach / U. Tilsner: Globales Lernen im Deutschunterricht 8–10
© Auer Verlag

 *Kinderarbeit*

 Erkennen

Infotext: Kinderarbeit – was ist das?

Im Internet findet man über Kinderarbeit folgende Aussagen: Bei der Definition von Kinderarbeit sei zwischen einer legalen Beschäftigung von Kindern und Jugendlichen und der ausbeuterischen Arbeit von Kindern zu unterscheiden. Legale Arbeit von Kindern bestünde z. B. in der Hilfe im Haushalt, im Zeitung austragen oder auch im Babysitten. Die ausbeuterische Kinderarbeit definiere sich als Arbeit, die die seelische und körperliche Entwicklung des Kindes schädige. Darunter würden z. B. schwere Arbeiten in Steinbrüchen, das Tragen schwerer Lasten, Textilarbeit in Bangladesch, die Arbeit in Goldminen in Burkina Faso oder auf den Kakaoplantagen an der Elfenbeinküste fallen. Die Kinder würden unter Arbeitsbedingungen, die gefährlich seien, schuften, da in der Regel keine Schutzmaßnahmen beachtet werden würden. Sie würden unter extremen Bedingungen arbeiten und würden so ihrer elementaren Rechte beraubt werden. Weltweit sei jedes zehnte Kind im Alter von 5–17 Jahren von Kinderarbeit betroffen. Zur schlimmsten Form der Kinderarbeit zähle die Zwangsarbeit. Dazu würden z. B. der Einsatz von Kindersoldaten, der Missbrauch der Kinder als Drogenkuriere oder Kinderpornographie gehören. Das seien Verbrechen an unschuldigen Kindern.

Inzwischen hätten sich fast alle Staaten darauf geeinigt, dass Kinderarbeit in jeglicher Form bis zum Jahr 2025 vollständig abzuschaffen sei.

Aufgabe 1

a) Übertrage den obigen Infotext in den Indikativ.

b) Warum ist der Indikativ hier passender? Diskutiert darüber in der Klasse.

 Bewerten

Aufgabe 2

Informiere dich mit deinem Partner im Internet über die Kriterien von Fairtrade-Siegeln. Welche Aussagen treffen diese bzgl. Kinderarbeit? Macht euch dazu Notizen.

Handeln

Aufgabe 3

Entwerft in Kleingruppen ein Plakat zum Thema Kinderarbeit – angelehnt an das Bild rechts.

A. Bach / U. Tilsner: Globales Lernen im Deutschunterricht 8–10
© Auer Verlag

© Avanne Troar – stock.adobe.com

Patenschaft für ein Kind

 **Erkennen**

Aufgabe 1

Was verstehst du persönlich unter einer Patenschaft? Schreibe dazu einen kurzen Text.

Aufgabe 2

Vergleiche deinen Text aus *Aufgabe 1* mit dem Infotext „Patenschaften". Benenne die Unterschiede und schreibe sie in dein Heft. Tausche dich anschließend mit deinem Partner darüber aus.

Infotext: Patenschaften

Pate ist ein Begriff aus dem kirchlichen Bereich. Pate wird man bei der Taufe eines Kindes und übernimmt damit die Verantwortung für dessen religiöse Erziehung. Die Patenschaft ist ein kirchliches Amt, bei dem man ein Kind (oder einen Jugendlichen) auf dem Weg des Glaubens begleitet. Weiterhin gibt es das Patenamt bei der Firmung. Der Jugendliche orientiert sich im Glauben an seinem Firmpaten. Zudem ist der Pate auch in schwierigen Situationen ein guter und offener Gesprächspartner. Früher bedeutete eine Patenschaft zudem, dass in einer finanziellen Notlage oder beim Tod der Eltern der Pate die Verantwortung für das Patenkind übernahm.

Neben einer religiösen Patenschaft kann man heute auch Patenschaften für benachteiligte Kinder in Entwicklungsländern abschließen. Diese Patenschaften beziehen sich fast ausschließlich auf die finanzielle Unterstützung der Kinder. Sie werden von verschiedenen Institutionen weltweit organisiert. Die Organisationen stellen sicher, dass bei einem monatlichen Geldbetrag für ein bestimmtes Kind dieses sowohl sozial als auch schulisch gefördert wird. Die Patenschaft trägt demnach zur Bildung des jeweiligen Kindes bei und wirkt ein Leben lang fort, was dazu führt, dass das Kind bzw. der Jugendliche sich in seinen Einstellungen verändert und berufliche Perspektiven sieht. Konkret bedeutet das, dass sowohl Schulgeld und Materialien als auch Kleidung und Essen für das Kind finanziert werden. Zudem besteht dadurch für einige Kinder die Möglichkeit, in einer Unterkunft zu übernachten, wenn ihr Heimweg von der Schule nicht möglich ist (z.B. wegen einer plötzlichen Überschwemmung). Durch die finanzielle Unterstützung besteht für die Jugendlichen – besonders auch für Frauen – die Möglichkeit, nach dem Schulabschluss einen Beruf zu erlernen.

Bei verschiedenen Organisationen (z.B. Plan International, World Vision, Kindernothilfe) sind die Patenschaften so angelegt, dass nicht nur das Patenkind unterstützt wird. Die Familie und die Region des Kindes werden ebenfalls mit eingebunden, denn nur so sind bleibende Veränderungen möglich und nachhaltig. Die Kinder werden zu Erwachsenen, die gelernt haben, ihre Welt zu gestalten bzw. zu verändern. Zudem ist es bei einigen Organisationen möglich, das Patenkind und die Familie vor Ort zu besuchen und sich ein Bild von den dortigen Zuständen zu machen.

A. Bach/U. Tilsner: Globales Lernen im Deutschunterricht 8–10
© Auer Verlag

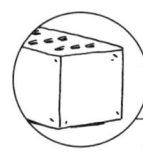

© attilianova – stock.adobe.com

 Bewerten

Aufgabe 3

Lies dir den folgenden Infotext durch und setze ihn dort in den Konjunktiv, wo es dir sinnvoll erscheint.

> **Infotext: Eine Patenschaft für ein Kind in einem Entwicklungsland übernehmen**
>
> Alle Kinder haben ein Recht auf Bildung. Die Arbeit verschiedener Organisationen wirkt nachhaltig auf die Kinder, aber auch auf die Gemeinde. Fördergelder müssen von den Institutionen aufgebracht werden, um Projekte durchführen zu können. Die Lebenslage der Kinder und ihrer Familien kann durch Patenschaften verbessert werden. Patenschaften appellieren häufig an die Gefühle und die Spendenbereitschaft anderer Menschen. Patenschaften können bei den übrigen Kindern vielleicht auch Neid erzeugen. Ist Selbsthilfe nicht sinnvoller? Was geschieht eigentlich mit dem Betrag, der monatlich überwiesen wird? Oftmals werden Hoffnungen geweckt, die nicht erfüllt werden können. Die Organisationen sagen: „Kinderrechte sind bei unserer Arbeit von zentraler Bedeutung, sowohl die Einhaltung als auch deren Umsetzung". Persönliche Kontakte (z. B. ein Besuch bei dem Patenkind) können ermöglicht werden. Soziale und gesellschaftliche Verantwortung zu übernehmen, ist allerdings auch auf andere Art möglich. Kritik an persönlichen Patenschaften ist immer wieder in den Medien aufgetaucht.

 Handeln

Aufgabe 4

Diskutiert in der Klasse, ob ihr eine Klassen-Patenschaft für ein Kind übernehmen würdet. Wägt dabei Vor- und Nachteile gegeneinander ab.

A. Bach / U. Tilsner: Globales Lernen im Deutschunterricht 8 – 10
© Auer Verlag

Teufelskreis der Armut

 Erkennen

Aufgabe 1

Sieh dir die Abbildung zum „Teufelskreis der Armut" an und beschreibe die Zusammenhänge in einem Text. Stelle deinen Text anschließend in der Klasse vor.

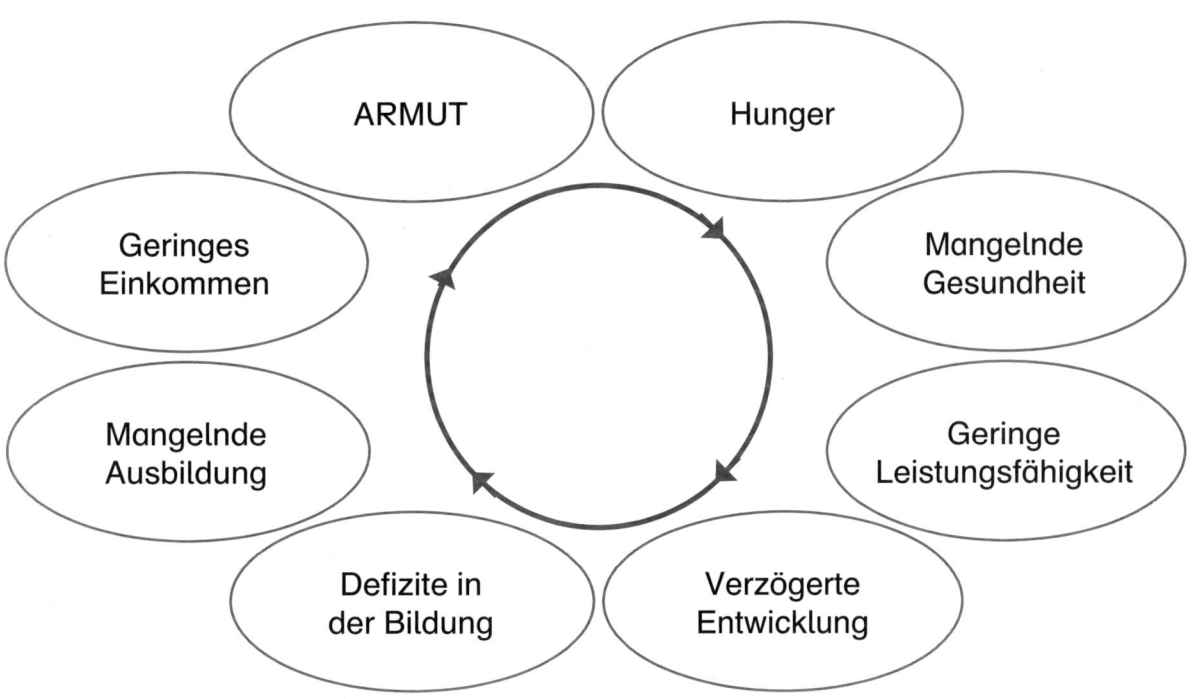

Teufelskreis der Armut

© *eigene Grafik*

 Bewerten

Aufgabe 2

Sammelt in Partnerarbeit Ideen zum Durchbrechen des Teufelskreises. Schreibt eure Ideen anschließend auf Plakatstreifen und clustert diese an der Tafel.

Aufgabe 3

Schreibe einen Text über die Möglichkeiten, den „Teufelskreis der Armut" zu durchbrechen. Der Text muss im Konjunktiv verfasst werden.

Handeln

Aufgabe 4

Schreibe zusammen mit deinem Partner einen kurzen Infotext zum „Teufelskreis der Armut". Eure Texte könnten z. B. im Jahrbuch oder der Schülerzeitung eurer Schule abgedruckt werden.

A. Bach/U. Tilsner: Globales Lernen im Deutschunterricht 8–10
© Auer Verlag

© Suzanne Tucker – Shutterstock

 Erkennen

Aufgabe 1

Beschreibe das obige Bild. Dein Partner soll versuchen, allein aus deiner Bildbeschreibung, das Thema des Bildes zu benennen.

Aufgabe 2

Stellt eure Themenidee für das Bild in der Klasse vor. Geht dabei auch auf folgende Fragen ein:

1. Was ist auf dem Bild zu sehen bzw. was stellt das Bild dar?
2. Ist das Bild realistisch?
3. Auf was möchte das Bild seinen Betrachter aufmerksam machen?

 Bewerten

Aufgabe 3

Wäre deiner Meinung nach eine Welt ohne Armut denkbar? Verfasse dazu einen Text im Konjunktiv.

 Handeln

Aufgabe 4

Entwerft in einer arbeitsteiligen Gruppenarbeit eine Collage zum Thema „Wäre eine Welt ohne Armut denkbar?" Ein Teil der Gruppe stellt dabei die reale Welt dar, der andere Teil die Utopie. Präsentiert eure Collagen anschließend der Klasse und erklärt diese.

A. Bach/U. Tilsner: Globales Lernen im Deutschunterricht 8–10
© Auer Verlag

Literarische Texte – Frieden und Gerechtigkeit

Didaktisch-methodische Überlegungen

Kompetenzen der Unterrichtseinheit

 Rede- und Gesprächskompetenz, Schreibkompetenz

Rede- und Gesprächskompetenz

Die Schüler*innen können …

- auf Gesprächsbeiträge mittels relevanter Begründungen unter Berücksichtigung der Meinung anderer eingehen.

Schreibkompetenz

Die Schüler*innen können …

- eine Textform in eine andere umwandeln.
- sich sprachlich angemessen ausdrücken.

AB Frieden

Stundenziele

1. Die Schüler*innen vergleichen einen Text und eine Illustration miteinander und stellen Gemeinsamkeiten heraus.
2. Die Schüler*innen verfassen einen Text, in dem ihre eigene Vorstellung von Frieden deutlich wird.
3. Die Schüler*innen setzen ihren Text bildhaft um.

Vorbereitungen

Für *Aufgabe 3* sollten den Lernenden mehrere große Plakate oder Flipchart-Papier sowie farbige Eddings zur Verfügung gestellt werden.

Erwartungshorizont

Aufgabe 1
Gemeinsamkeiten: fliegende Taube (= Symbol für Frieden), Ast bzw. Zweig

Aufgabe 1b
Die Illustration hat mehr Interpretationsmöglichkeiten als der Text. Im Text wird der Begriff „Frieden" direkt genannt. Die Illustration allein – ohne den entsprechenden Kontext – muss nicht unbedingt mit dem Thema Frieden in Verbindung gebracht werden. Allerdings sollte den Lernenden die Taube als Friedenssymbol bekannt sein.

Weiterarbeit

Im Anschluss an die Lerneinheit könnten von den Lernenden eigene Gedichte zum Thema Frieden verfasst werden.

AB Gefährdung des Friedens

Stundenziele

1. Die Schüler*innen fassen den Inhalt eines Gedichts in eigenen Worten zusammen.
2. Die Schüler*innen erläutern das Verhalten der beiden Protagonisten und nehmen dazu begründet Stellung.
3. Die Schüler*innen inszenieren das Gedicht und führen es in der Klasse vor.

A. Bach/U. Tilsner: Globales Lernen im Deutschunterricht 8–10
© Auer Verlag

Erwartungshorizont

Aufgabe 1a

Je nach Leistungsstand der Klasse kann es möglich sein, dass den Lernenden noch unbekannte Begriffe zum Gedicht erklärt werden müssen.

Aufgabe 1b

Fuchs und Igel begegnen sich. Der Fuchs beschuldigt den Igel, sich gegen den Befehl des Königs zu stellen, da er durch seine Stacheln bewaffnet unterwegs ist. Dafür will der Fuchs den Igel bestrafen. Dieser dreht den Spieß jedoch um und wirft dem Fuchs seinerseits vor, mit seinen Zähnen ebenfalls bewaffnet unterwegs zu sein.

Aufgabe 2

Der Igel kann sich nicht anders verhalten, denn die Stacheln gehören zu ihm. Es ist ihm nicht möglich, diese abzulegen. Der Fuchs sieht den Igel durch seine Stacheln jedoch als Angreifer, beruft sich auf den Befehl des Königs und möchte den Igel aufhalten. Der Igel möchte mit seinen Stacheln jedoch niemanden angreifen und kugelt sich schließlich einfach ein.

Weiterarbeit

Mögliche Fragen für eine weiterführende Diskussion: Mit welchem Protagonisten würdest du dich persönlich identifizieren und warum? Wie könnte ein Kompromiss zwischen den beiden Protagonisten aussehen?

AB Friedvoller Umgang miteinander

Stundenziele

1. Die Schüler*innen geben die Kernaussage eines Texts in eigenen Worten wieder.
2. Die Schüler*innen nehmen zur Kernaussage des Texts Stellung.
3. Die Schüler*innen verfassen einen Text zum Thema „Gewaltfreie Erziehung".

Erwartungshorizont

Aufgabe 1

Kernaussage: Gewalt ist kein Erziehungsmittel

Aufgabe 2

Bei der Stellungnahme können moralische Wertvorstellungen genannt werden. Ein „guter Mensch" könnte z. B. hilfsbereit, freundlich, respektvoll, liebevoll, ehrlich, loyal usw. sein.

Aufgabe 3

Hier werden die Schüler*innen ggf. aufgrund ihrer Biografie zu sehr unterschiedlichen Lösungsansätzen gelangen. Bei der Diskussion sollte jedoch deutlich werden, dass körperliche Gewalt in der Erziehung keinesfalls angemessen und akzeptabel ist.

Weiterarbeit

Mögliche Fragen für eine weiterführende Diskussion: Warum hat die Mutter ihre Meinung geändert? Warum wird der Stein im Regal aufgehoben?

AB Weihnachten – Fest des Friedens

Stundenziele

1. Die Schüler*innen setzen ihre eigene Vorstellung von Weihnachten zur Aussage des Gedichts in Bezug.
2. Die Schüler*innen nehmen zu einer Aussage begründet Stellung und diskutieren darüber.
3. Die Schüler*innen stellen gemeinsam Verhaltensregeln für ein „Friedensexperiment" auf.

A. Bach/U. Tilsner: Globales Lernen im Deutschunterricht 8–10
© Auer Verlag

Erwartungshorizont

Aufgabe 1a

Weihnachten lässt Stress und Streit vergessen, Kerzen stellen Gemütlichkeit her, Weihnachten als Friedensfest.

Aufgabe 1b

Mögliche Assoziationen: Geschenke, gutes Essen, geschmückte Umgebung, Urlaub/freie Zeit, enges Zusammensein, aber evtl. auch Streitereien.

Vermutlich werden auch einige Schüler*innen das Weihnachtsfest aufgrund ihres Glaubens nicht feiern und daher nichts mit dem Fest verbinden.

A. Bach/U. Tilsner: Globales Lernen im Deutschunterricht 8–10
© Auer Verlag

 *Frieden*

 **Erkennen**

Das Gewicht einer Schneeflocke

„Sag mir, was wiegt eine Schneeflocke?", fragte die Tannenmeise die Wildtaube. „Nicht mehr als nichts", gab sie zur Antwort. „Dann muss ich dir eine wunderbare Geschichte erzählen", sagte die Meise. „Ich saß auf dem Ast einer Fichte, dicht am Stamm, als es zu schneien anfing; nicht etwa heftig mit Sturmgebraus, nein, wie im Traum, lautlos und ohne Schwere. Da ich nichts Besseres zu tun hatte, zählte ich die Schneeflocken, die auf die Zweige und Nadeln meines Astes fielen und darauf hängen blieben. Genau dreimillionensiebenhunderteinundvierzigtausendneunhundertzweiundfünfzig waren es.

Als die dreimillionensiebenhunderteinundvierzigtausendneunhundertdreiundfünfzigste Flocke niederfiel – nicht mehr als nichts, wie du sagst –, brach der Ast ab." Damit flog sie davon. Die Taube, seit Noahs Zeiten eine Spezialistin dieser Frage, sagte zu sich nach kurzem Nachdenken: „Vielleicht fehlt nur eines einzigen Menschen Stimme zum Frieden in der Welt."

Quelle: Kurt Kauter: Vom Gewicht des Nichts. In: Jack Kornfield. Offen wie der Himmel, weit wie das Meer

Aufgabe 1

a) Was haben der obige Text und die Illustration rechts gemeinsam? Mache dir dazu Notizen.

b) Erkläre, wie der Frieden im Text und in der Illustration jeweils dargestellt wird.

c) Tausche dich anschließend über *Aufgabe 1a* und *b* mit deinem Partner aus.

 Bewerten

Aufgabe 2

Schreibe einen Text, in welchem deine eigene Auffassung von Frieden deutlich wird.

 Handeln

Aufgabe 3

Entwirf eine Illustration passend zu deinem Text. Eure Illustrationen könnt ihr beispielsweise in eurer Schulaula oder Mensa aufhängen.

A. Bach / U. Tilsner: Globales Lernen im Deutschunterricht 8–10
© Auer Verlag

 **Erkennen**

Gedicht: Fuchs und Igel

Ganz unverhofft an einem Hügel
sind sich begegnet Fuchs und Igel.
„Halt", rief der Fuchs, „du Bösewicht!
Kennst du des Königs Order nicht?
Ist nicht der Friede längst verkündigt,
und weißt du nicht, daß jeder sündigt,
der immer noch gerüstet geht?
Im Namen seiner Majestät,

geh her und übergib dein Fell!"
Der Igel sprach: „Nur nicht so schnell!
Laß dir erst deine Zähne brechen,
dann wollen wir uns weiter sprechen!"
Und alsogleich macht er sich rund,
schließt seinen dichten Stachelbund
und trotzt getrost der ganzen Welt,
bewaffnet, doch als Friedensheld.

Quelle: Wilhelm Busch

Aufgabe 1
a) Lies das Gedicht „Fuchs und Igel" und markiere dir für dich unbekannte Begriffe. Tausche dich an-schließend mit deinem Partner darüber aus und erklärt euch die unbekannten Begriffe (wenn mög-lich) gegenseitig.

b) Fasse den Inhalt des Gedichts kurz zusammen und trage deine Zusammenfassung in der Klasse vor.

Aufgabe 2
Beschreibe, wie sich Fuchs und Igel in dem Gedicht jeweils verhalten.

 Bewerten

Aufgabe 3
Nimm zum Verhalten der beiden Protagonisten begründet Stellung.
Siehst du den Igel auch als Friedensheld? Schreibe deine Argumente auf und diskutiert anschließend in Kleingruppen darüber. Stellt eure Ergebnisse in der Klasse vor.

 Handeln

Aufgabe 4
Inszeniert das Gedicht „Fuchs und Igel" in eurer Kleingruppe und führt es in der Klasse vor.

A. Bach/U. Tilsner: Globales Lernen im Deutschunterricht 8–10
© Auer Verlag

Erkennen

Aufgabe 1

Lies die Kurzgeschichte „Über Frieden" von Astrid Lindgren, die sie in ihre Rede „Niemals Gewalt" anlässlich der Verleihung des Friedenspreises des Deutschen Buchhandels in Frankfurt im Jahre 1978 eingeflochten hat, sorgfältig durch und fasse die Kernaussage des Texts in deinen eigenen Worten zusammen.

Kurzgeschichte: Über Frieden

Jenen aber, die jetzt so vernehmlich nach härterer Zucht und strafferen Zügeln rufen, möchte ich das erzählen, was mir einmal eine alte Dame berichtet hat. Sie war eine junge Mutter zu der Zeit, als man noch an diesen Bibelspruch glaubte, dieses „Wer die Rute schont, verdirbt den Knaben". Im Grunde ihres Herzens glaubte sie wohl gar nicht daran, aber eines Tages hatte ihr kleiner Sohn etwas getan, wofür er ihrer Meinung nach eine Tracht Prügel verdient hatte, die erste in seinem Leben. Sie trug ihm auf, in den Garten zu gehen und selber nach einem Stock zu suchen, den er ihr dann bringen sollte. Der kleine Junge ging und blieb lange fort.

© Sharpshot – stock.adobe.com

Schließlich kam er weinend zurück und sagte: „Ich habe keinen Stock finden können, aber hier hast du einen Stein, den kannst du ja nach mir werfen." Da aber fing auch die Mutter an zu weinen, denn plötzlich sah sie alles mit den Augen des Kindes. Das Kind musste gedacht haben, „Meine Mutter will mir wirklich weh tun, und das kann sie ja auch mit einem Stein."

Sie nahm ihren kleinen Sohn in die Arme, und beide weinten eine Weile gemeinsam. Dann legte sie den Stein auf ein Bord in der Küche, und dort blieb er liegen als ständige Mahnung an das Versprechen, das sie sich in dieser Stunde selber gegeben hatte:

„NIEMALS GEWALT!"

Quelle: Astrid Lindgren: Über Frieden. In: Niemals Gewalt. Rede bei der Verleihung des Friedenspreises des Deutschen Buchhandels in Frankfurt 1978. Übersetzt von Anna-Liese Kornitzky.

 Bewerten

Aufgabe 2

Gewalt gegenüber Kindern war früher oft üblich, um sie zu „guten" Menschen zu erziehen. Was ist für dich ein „guter Mensch"? Nimm dazu schriftlich Stellung und vergleiche deine Stellungnahme anschließend mit der deines Partners.

Aufgabe 3

Ist Gewalt als Erziehungsmittel angemessen? Diskutiert darüber in der Klasse.

Handeln

Aufgabe 4

Verfasse einen Text zum Thema „Gewaltfreie Erziehung". Der Text kann z. B. auf der Homepage eurer Schule veröffentlicht werden.

A. Bach/U. Tilsner: Globales Lernen im Deutschunterricht 8–10
© Auer Verlag

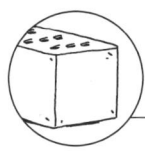

Weihnachten – Fest des Friedens

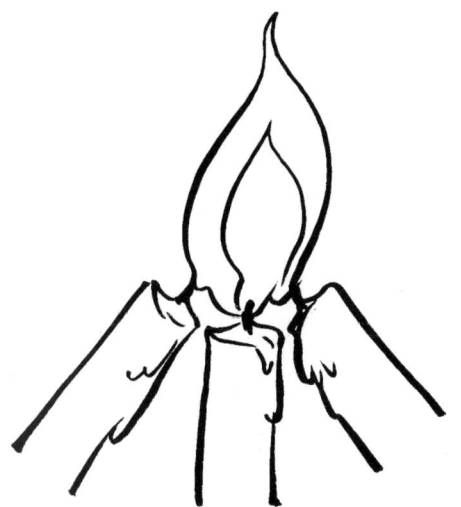

Gedicht: Weihnachten – die schönste Zeit

Weihnachten – die schönste Zeit,
wo im Schimmer vieler Kerzen
wir vergessen sollen Stress und Streit –
dann zieht Friede ein in unsre Herzen!

Quelle: Autor unbekannt

 Erkennen

Aufgabe 1

a) Warum sieht der Autor des Gedichts Weihnachten als die schönste Zeit? Schreibe deine Erklärung in dein Heft.
b) Beschreibe stichpunktartig, was du persönlich mit Weihnachten verbindest.
c) Setze deine eigene Vorstellung von Weihnachten zur Aussage des Gedichts in Bezug.

 Bewerten

Aufgabe 2

„Weihnachten – ein Fest des Friedens!?"

a) Schreibe zu dieser Aussage eine begründete Stellungnahme.
b) Tragt eure Texte in der Klasse vor und diskutiert gemeinsam darüber.

 Handeln

Aufgabe 3

Versucht eine Woche lang ohne Streit, Beleidigungen oder Mobbing innerhalb eurer Klasse miteinander umzugehen. Stellt gemeinsam Regeln auf, wie ihr euch während dieses „Friedensexperiments" verhalten solltet.

A. Bach/U. Tilsner: Globales Lernen im Deutschunterricht 8–10
© Auer Verlag

Nichtliterarische Texte – Hochwertige Bildung

Didaktisch-methodische Überlegungen

Kompetenzen der Unterrichtseinheit

 Rede- und Gesprächskompetenz, Schreibkompetenz

Rede- und Gesprächskompetenz

Die Schüler*innen können …

- auf Gesprächsbeiträge mittels relevanter Begründungen unter Berücksichtigung der Meinung anderer eingehen.

Schreibkompetenz

Die Schüler*innen können …

- einen nichtliterarischen Text in eine andere Darstellungsform umsetzen.
- sich sprachlich angemessen ausdrücken.

AB Schule hier und anderswo

Stundenziele

1. Die Schüler*innen analysieren das auf zwei Bildern unterschiedlich dargestellte Schulleben.

2. Die Schüler*innen erläutern, warum Kinder in Entwicklungsländern die Schwierigkeiten ihres Schulwegs auf sich nehmen.

3. Die Schüler*innen gestalten ein Brettspiel, das den schwierigen Schulweg verschiedener Kinder zeigt.

Vorbereitungen

Für die Gestaltung des Brettspiels in *Aufgabe 3* sind den Lernenden mehrere Materialien zur Verfügung zu stellen (z. B. größere Plakate, dickere Pappe, farbiges Tonpapier, Filzstifte, Eddings etc.).

Erwartungshorizont

Aufgabe 1

Auf dem ersten Bild sind mehrere Jugendliche zu sehen, die eng nebeneinander auf einer Bank im Freien sitzen. Sie sitzen mit dem Rücken zum Betrachter. Vor den Jugendlichen steht eine Frau, die die Kinder auffordernd anschaut. Es scheint sich um eine Schule zu handeln. Im Hintergrund sind zwei eingeschossige Häuser zu sehen sowie zwei Bäume. Man sieht keine Arbeitsmaterialien. Die Lernenden melden sich fast alle. Auf dem zweiten Bild sind Jugendliche in ähnlichem Alter abgebildet, die sowohl digitale (Laptop) als auch herkömmliche (Heft und Stift) Arbeitsmaterialen nutzen. Alle Lernenden sitzen an einem eigenen Tisch mit eigenem Stuhl. Der Raum befindet sich im Inneren eines Hauses. An der Wand sind einige Plakate angebracht.

Die Bilder sollen verdeutlichen, dass die Voraussetzungen für das Lernen in verschiedenen Ländern sehr unterschiedlich sind.

Aufgabe 2b

Die Motivation zum Lernen ist in den Entwicklungsländern oft höher als in Deutschland, wo Bildung einfacher zugänglich ist. Bildung ist in Deutschland kostenlos und hat daher für manche Schüler*innen keinen hohen Stellenwert – insbesondere, da es per Gesetz die Schulpflicht gibt. Dass die Schulpflicht ursprünglich zum Schutz vor Kinderarbeit eingeführt wurde, ist heute nicht allgemein bekannt. In den Entwicklungsländern dagegen muss Schulgeld bezahlt werden, damit die Kinder an Bildung teilhaben können. Wenn Kinder zur Schule gehen, fehlen sie bei der Arbeit im Haus, auf dem Feld oder als Kinderarbeiter. Der Familie fehlt also das Einkommen und sie muss zusätzlich das Schulgeld aufbringen. Allerdings überwiegt hier die Hoffnung, dass es den Jugendlichen in der Zukunft durch eine gute Bildung besser gehen wird als den Eltern.

A. Bach/U. Tilsner: Globales Lernen im Deutschunterricht 8–10
© Auer Verlag

Weiterarbeit

Das von den Lernenden in *Aufgabe 3* erstellte Brettspiel könnte auch in jüngeren Jahrgangsstufen – verbunden mit einer Informationsstunde zu den Bildungschancen in Entwicklungsländern – gespielt werden.

 ## AB Bildung und Ausbildung

Stundenziele

1. Die Schüler*innen beschreiben, womit sie die einzelnen Begriffe in der „Wortwolke Erde" verbinden.

2. Die Schüler*innen äußern in einer Diskussion begründet ihre Meinung zum Thema.

3. Die Schüler*innen stellen ihre Diskussionsergebnisse den Aussagen eines Infotexts zur Bildungssituation in Entwicklungsländern gegenüber.

4. Die Schüler*innen erstellen eine Collage zum Thema „Hochwertige Bildung bei uns und in den Entwicklungsländern".

Vorbereitungen

Für *Aufgabe 2* müssen den Lernenden ausreichend Plakatstreifen und Eddings zur Verfügung gestellt werden. Für das Erstellen der Collage in *Aufgabe 5* sind mehrere Materialien (z. B. größere Plakate, farbiges Tonpapier, Zeitungen, Tapetenrolle, Filzstifte, Eddings etc.) bereitzustellen.

Erwartungshorizont

Aufgabe 1
Bei der Beschreibung der Grafik werden die Schüler*innen erkennen, dass es sich um die Weltkugel handelt. Die Begriffe auf den verschiedenen Kontinenten sind jeweils identisch.

Aufgabe 2
Die Begriffe werden von den Lernenden voraussichtlich mit völlig unterschiedlichen Inhalten verbunden. Sie könnten beispielsweise auf die Schule bezogen werden, aber auch auf Hobbies.

Aufgabe 3
Die Bildungschancen in Europa sind vermutlich für alle Lernenden gleich, während Schüler*innen in Entwicklungsländern mit Problemen zu kämpfen haben (z. B. Armut, hohes Schulgeld, Krieg, langer Schulweg, Kinderarbeit usw.).

Aufgabe 5
Gruppe 1: regelmäßiges Schulangebot, günstige bzw. kostenfreie Schulbücher und Materialien, gut ausgebildete Lehrkräfte, ausreichend Schulplätze, Ausbildungsmöglichkeiten und Universitäten, Zugang zu günstigen Mahlzeiten.
Gruppe 2: Mädchen müssen in der Familie helfen (z. B. im Haushalt oder bei der Kinderbetreuung), weiter Schulweg, geringes Einkommen der Familie, hohes Schulgeld, kein flächendeckendes Schulangebot, keine gut ausgebildeten Lehrkräfte.

 ## AB Berufe für Mädchen – Berufe für Jungen

Stundenziele

1. Die Schüler*innen nennen Berufe, die ihrer Meinung nach überwiegend von einem Geschlecht ausgeübt werden und tragen diese in eine Tabelle ein.

2. Die Schüler*innen begründen, warum diese Berufe ihrer Meinung nach hauptsächlich von der jeweiligen Geschlechtergruppe ausgeführt werden.

3. Die Schüler*innen werten ein Säulendiagramm aus und setzen ihre eigenen Aussagen in Bezug dazu.

A. Bach/U. Tilsner: Globales Lernen im Deutschunterricht 8–10
© Auer Verlag

Vorbereitungen

Aufgabe 1 sollte von den Lernenden vor dem Verteilen des AB bearbeitet werden, damit diese beim Anfertigen der Tabelle nicht durch die Angaben des Säulendiagramms beeinflusst werden. Für den Dreh des Videos in *Aufgabe 3* müssen Smartphones an der Schule erlaubt sein.

Erwartungshorizont

Aufgabe 1a

Typische Frauenberufe: Arzthelferin, Hebamme, Friseurin, Kosmetikerin
Typische Männerberufe: Automechaniker, Schreiner, Dachdecker, Maurer

Aufgabe 1b

In der Regel werden die helfenden und sozialen Berufe eher den Frauen zugeschrieben. Hebamme wird vermutlich wegen der Tatsache genannt, dass Frauen entbinden und Männer nicht. Bei Kosmetikerin und Friseurin könnte als Begründung die Freude am Schminken und Stylen genannt werden. Dem männlichen Geschlecht sagt man allgemein ein Interesse an Autos und Technik nach. Dachdecker, Schreiner und Maurer sind Berufe, die Mut und Kraft erfordern. Eigenschaften, die in unserer Gesellschaft ebenfalls eher den Männern zugeschrieben werden.

Aufgabe 2a

Das Säulendiagramm zeigt, dass es tatsächlich Berufe gibt, die eher von Frauen und andere, die eher von Männern ausgeübt werden. Man kann zwar feststellen, dass es in den angegebenen Berufen keinen gibt, der ausschließlich von einem Geschlecht ausgeübt wird, sich aber eindeutige Tendenzen abzeichnen.
Männer: Fachinformatiker, Industriemechaniker, Anlagenmechaniker, KFZ-Mechatroniker, Elektroniker; Frauen: Kauffrau für Büromanagement, medizinische Fachangestellte, zahnmedizinische Fachangestellte.

Aufgabe 3

Die Videos werden voraussichtlich inhaltlich sehr unterschiedlich gestaltet sein. Dies ist von der Gruppenkonstellation und der eigenen Sozialisation der Lernenden abhängig.

 ## AB Bildungschancen in Entwicklungsländern

Stundenziele

1. Die Schüler*innen gliedern einen Text in Sinnabschnitte und fassen den Inhalt jedes Abschnitts zusammen.

2. Die Schüler*innen diskutieren darüber, warum nicht alle Kinder auf der Welt eine Grundschule besuchen und abschließen können.

3. Die Schüler*innen nehmen einen Podcast zum Thema „Bildungschancen in Entwicklungsländern" auf.

Vorbereitungen

Für *Aufgabe 2b* sollten den Jugendlichen Plakate (oder Flipchart-Papier) sowie Eddings bereitgestellt werden. Für die Aufnahme eines Podcasts in *Aufgabe 4* müssen Smartphones an der Schule erlaubt sein.

Erwartungshorizont

Aufgabe 1

Der Text kann in vier Sinnabschnitte gegliedert werden:
- Zeile 1–4: Allgemeine Informationen zur Bildungssituation
- Zeile 5–11: Bildungssituation der grundschulfähigen Kinder (Abbruch der Grundschule und mangelnde Lesefähigkeiten)

A. Bach / U. Tilsner: Globales Lernen im Deutschunterricht 8–10
© Auer Verlag

- Zeile 12–16: Bildungssituation der Jugendlichen und jungen Erwachsenen (ohne Schulabschluss, keine Lese- und Schreibkompetenz)
- Zeile 17–20: Gründe für die schlechten Bildungschancen

Aufgabe 3

Armut, geringes Einkommen der Familie, hohes Schulgeld, Krieg, langer Schulweg, Kinderarbeit, kein flächendeckendes Schulangebot, keine gut ausgebildeten Lehrkräfte.

 AB Armut und Bildung

Stundenziele

1. Die Schüler*innen erklären die Zusammenhänge zwischen Armut und Bildung.
2. Die Schüler*innen diskutieren, wo Kinder aufgrund von Armut unter mangelnden Bildungschancen leiden.

Vorbereitungen

Das „Placemat" zu *Aufgabe 1* muss für jede Gruppe vorab einmal (im DIN A3-Format oder auf Flipchart-Papier) kopiert werden. Je nach Klassengröße können die Kleingruppen bis zu acht Gruppenmitglieder umfassen.

Erwartungshorizont

Aufgabe 2

Armut und Bildung bedingen sich gegenseitig und sind voneinander abhängig. In den mittleren Bereich des Placemats werden vermutlich Begriffe wie weniger Konzentration, kein Geld für Schule und Essen, Mangelernährung, Länder mit schlechtem Bildungswesen, wenig Energie etc. geschrieben.

Aufgabe 3

Es ist davon auszugehen, dass die Lernenden Armut und mangelnde Ausbildungschancen hauptsächlich in den Entwicklungsländern vermuten. An dieser Stelle kann dann thematisiert werden, dass auch in Deutschland Kinder unter Armut leiden.

Weiterarbeit

Im Anschluss an *Aufgabe 3* könnte gemeinsam recherchiert werden, was in Deutschland für Kinder in Armut getan wird und welche Möglichkeiten von verschiedenen Institutionen für diese Kinder und Familien geboten werden. Anschließend könnte verglichen werden, welche Möglichkeiten einem in Deutschland lebenden Kind in Armut in Bezug auf Bildung und Gesundheit geboten werden und welche Möglichkeiten einem in Armut lebenden Kind in einem Entwicklungsland.

A. Bach/U. Tilsner: Globales Lernen im Deutschunterricht 8–10
© Auer Verlag

© Hugh Sitton/Stocksy – stock.adobe.com

© Monkey Business – stock.adobe.com

 Erkennen

Aufgabe 1

Beschreibe die beiden obigen Bilder. Welche Unterschiede lassen sich darauf erkennen? Was sollen die Bilder verdeutlichen? Mache dir dazu Notizen.

 Bewerten

Aufgabe 2

a) Lies dir den Text „Das Lernziel hinter den Bergen" auf dem zweiten Arbeitsplatz durch. Es handelt sich dabei um eine Filmbeschreibung zu dem Dokumentarfilm „Auf dem Weg zur Schule".

b) Erläutere schriftlich, warum die im Text beschriebenen Kinder ihren schwierigen Schulweg Tag für Tag auf sich nehmen.

c) Lest einige eurer Erläuterungen in der Klasse vor und diskutiert darüber.

 Handeln

Aufgabe 3

Gestaltet in Kleingruppen ein fantasievolles Brettspiel, das den Schulweg verschiedener Kinder und die dort auftretenden Schwierigkeiten beschreibt.

A. Bach/U. Tilsner: Globales Lernen im Deutschunterricht 8–10
© Auer Verlag

Filmbeschreibung: Das Lernziel hinter den Bergen

In seinem Dokumentarfilm zeigt Pascal Plisson nicht nur, was für ungewöhnliche Schulwege Kinder haben können, sondern vor allem auch, was sie für Bildung auf sich nehmen.

Der 11-jährige Jackson schleppt zwei Stunden lang einen Wasserkanister durch die kenianische Steppe. Jeden Tag muss er neu entscheiden, welcher der richtige Weg ist, und erklärt dabei seiner kleinen Schwester, wie auch sie die Anzeichen auf eine bedrohliche Elefantenherde entdecken kann. Zahira, 12, nimmt ein lebendes Huhn mit, wenn sie jeden Montag vier Stunden lang über enge Bergpfade durchs marokkanische Atlasgebirge wandert. Am Ende des Weges tauscht sie das Huhn auf einem Markt gegen getrocknete Früchte für die Schulwoche. Die zwei kleinen Brüder des 13-jährigen Samuel aus Bengalen schieben ihn in einem selbstgebastelten, rostigen Rollstuhl über unbefestigte, vermüllte Wege, durch einen Bach und über einen sandigen Hügel. Carlito (11) ist der privilegierteste der vier Helden des Dokumentarfilms *Auf dem Weg zur Schule*. Er besitzt ein Pferd, mit dem er sich und seine Schwester über das rutschige Geröll der patagonischen Berge in Argentinien balanciert.

Der Regisseur Pascal Plisson ist eigentlich Tierfilmer, aber er begegnete mitten in der Wildnis von Kenia immer wieder Kindern, die abenteuerliche Wege zurücklegten, um in die Schule zu kommen. Das brachte ihn auf die Idee, einmal nicht Tiere, sondern Kinder zu beobachten. Dafür hat er sich seine Protagonisten sorgsam in verschiedenen Ecken der Welt ausgewählt: Schüler, für die das Lernen unendlich wertvoll ist, die nach Wissen fiebern, um ihr Leben oder das der Familie zu verbessern.

Er hat all jene Kandidaten aussortiert, die zwar auf ungewöhnliche Weise zum Unterricht kommen, aber die Strapazen nur auf sich nehmen, weil es in der Schule etwas zu essen gibt oder die Eltern Bildung für selbstverständlich halten […].

Plissons vier Helden haben alle ein großes Anliegen: Zahira zum Beispiel will Ärztin werden, obwohl die meisten Familien aus ihrem Dorf ihre Töchter gar nicht in die Schule schicken. Samuel wäre normalerweise von jedem Zugang zu Bildung und Zukunftsperspektiven abgeschnitten, würden seine Brüder nicht jeden Morgen lachend und scherzend diesen Kraftakt unternehmen, ihn zur Schule zu schieben […].

Er zeigt die Kinder sehr liebevoll. Wie Jackson am Abend Wasser aus dem sandigen Boden neben der Hütte der Eltern buddelt, ist so eine Szene. Der Junge wäscht seine Schuluniform in dem Loch und füllt die zwei kleinen Plastikkanister für sich und seine Schwester, weil er am nächsten Morgen unbedingt ordentlich und pünktlich in die Schule kommen will. Er darf die Fahne vor Unterrichtsbeginn hissen. Obwohl seine Schwester und er diesmal doch von einer Elefantenherde überrascht werden und den letzten Rest ihres Weges rennen müssen, ist er rechtzeitig da. Als der Lehrer seine Schüler zählt und feststellt, dass alle anwesend sind, lobt er nicht Disziplin und Pünktlichkeit, sondern dankt dem Schicksal, dass alle lebendig angekommen sind […].

Quelle: Parvin Sadigh für ZEIT ONLINE (www.zeit.de) vom: 09.12.2013 „Das Lernziel hinter den Bergen"

A. Bach/U. Tilsner: Globales Lernen im Deutschunterricht 8–10
© Auer Verlag

© Toto Santiko Budi – Shutterstock

Wortwolke Erde

© eigene Grafik

 **Erkennen**

Aufgabe 1

Beschreibe die obige Grafik.

Aufgabe 2

Womit verbindet ihr die einzelnen Begriffe in der Grafik jeweils? Schreibt eure Überlegungen in Klein-gruppen auf Plakatstreifen und clustert diese anschließend an der Tafel.

Bewerten

Aufgabe 3

a) Sind die in der Grafik dargestellten Begriffe für alle Schüler der Welt gleichermaßen erreichbar? Begründe deine Meinung dazu schriftlich.

b) Diskutiert eure Meinungen anschließend in der Klasse.

Aufgabe 4

Vergleicht eure Diskussionsergebnisse aus *Aufgabe 3* mit den Aussagen des Infotexts „Die Bildungs-situation in den Entwicklungsländern" auf dem zweiten Arbeitsblatt.

A. Bach / U. Tilsner: Globales Lernen im Deutschunterricht 8–10
© Auer Verlag

Infotext: Die Bildungssituation in den Entwicklungsländern

In Entwicklungsländern stellt fehlende Bildung ein großes Problem dar, denn sie ist eine Ursache für die dortige Armut. Bildung aber ist ein Weg aus der Armut. Die Bildungschancen der Kinder und Jugendlichen hängen sowohl vom Wohnort als auch vom Einkommen der Eltern ab. Je ärmer die Eltern sind, umso weniger Möglichkeiten gibt es für die Kinder, einen Schulabschluss zu erlangen. Dieser Mangel führt zu negativen Folgen für das Land, aber besonders für die gesellschaftliche Situation der Kinder. Krieg, Unruhen und Rassenkonflikte sind ebenso Gründe für die schlechte Bildungssituation in den Entwicklungsländern. Ein weiteres Problem liegt im traditionellen Rollenverständnis von Mann und Frau. Mädchen werden nicht eingeschult, weil sie im Haushalt helfen müssen.

In den Entwicklungsländern fehlt es zudem an Geld, um flächendeckend für alle ein Bildungsangebot anzubieten. Hohe Staatsschulden, aber auch Korruption verhindern Bildungsangebote für alle. Das bedeutet, dass in manchen Gegenden nicht genug Schulen vorhanden sind, um alle Kinder zu erreichen. Die Lehrkräfte an den Schulen verfügen häufig über keine qualifizierte Ausbildung und werden nicht genügend auf ihre Arbeit vorbereitet.

 Handeln

Aufgabe 5

Teilt euch in zwei Gruppen auf und erstellt eine Collage zum Thema „Hochwertige Bildung bei uns und in den Entwicklungsländern". Geht dabei auf die folgenden Fragestellungen ein:

Gruppe 1: Welche Elemente gehören für euch zu einer hochwertigen Bildung?

Gruppe 2: Welche Schwierigkeiten bzgl. Bildung hat ein Mädchen in einem Entwicklungsland (z. B. in Burkina Faso)?

Präsentiert euch eure Collagen gegenseitig und stellt sie einander gegenüber.

A. Bach / U. Tilsner: Globales Lernen im Deutschunterricht 8–10
© Auer Verlag

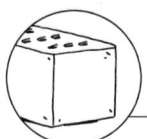 *Berufe für Mädchen – Berufe für Jungen*

 Erkennen

Aufgabe 1

a) Fertige eine Tabelle mit Berufen an, die deiner Meinung nach überwiegend von Frauen bzw. Männern ausgeübt werden.

b) Begründe schriftlich, warum die Berufe aus deiner Tabelle deiner Meinung nach hauptsächlich von der jeweiligen Geschlechtergruppe ausgeführt werden.

 Bewerten

Aufgabe 2

a) Werte das Säulendiagramm „Ausbildungsverträge 2018" aus.

b) Vergleiche die Ergebnisse deiner Auswertung mit den von dir getroffenen Aussagen in *Aufgabe 1*.

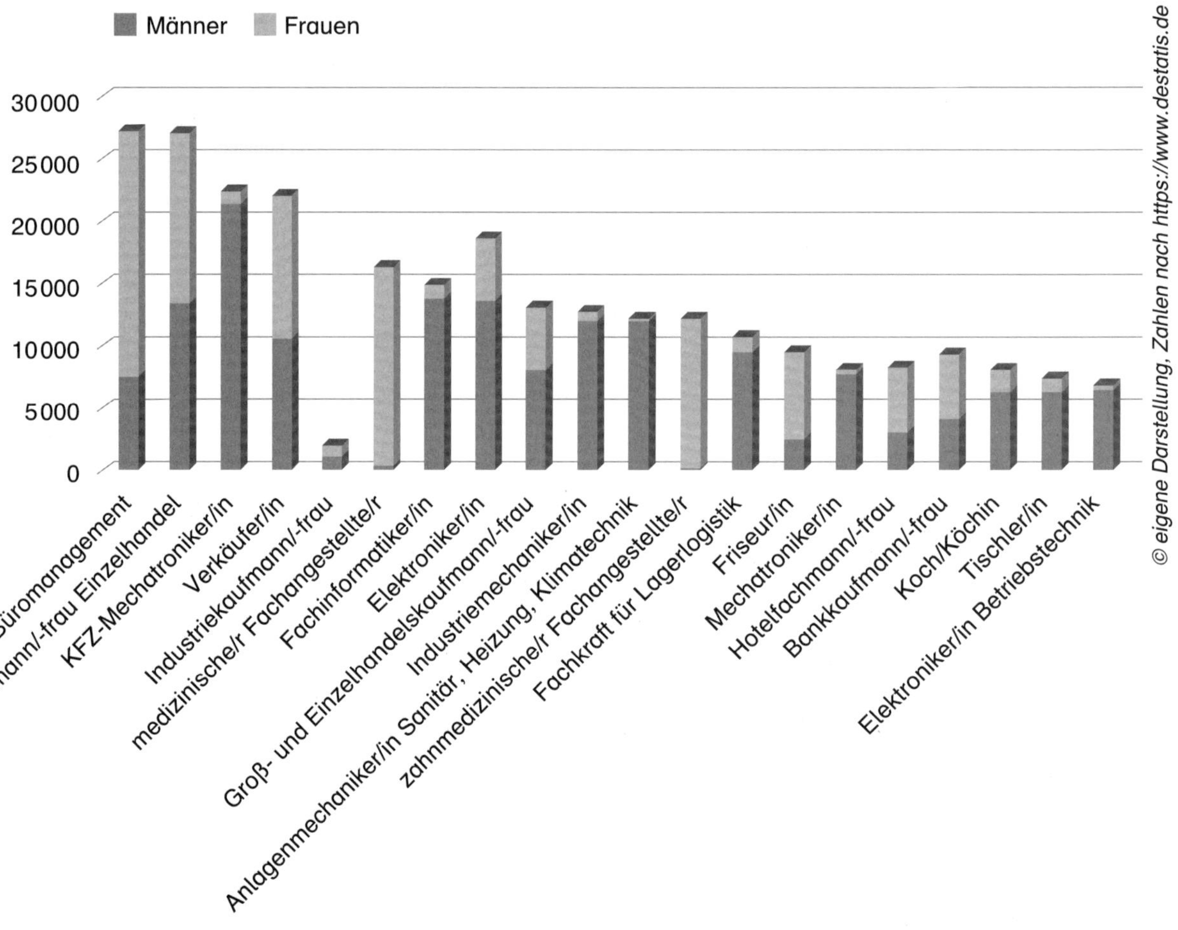

Säulendiagramm: Ausbildungsverträge 2018

© eigene Darstellung, Zahlen nach https://www.destatis.de

 Handeln

Aufgabe 3

Dreht in Kleingruppen ein Lernvideo über Männer in typischen Frauenberufen bzw. Frauen in typischen Männerberufen.

A. Bach / U. Tilsner: Globales Lernen im Deutschunterricht 8–10
© Auer Verlag

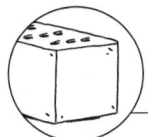

Bildungschancen in Entwicklungsländern

 Erkennen

Aufgabe 1

a) Lies den Infotext „Daten aus dem Weltbildungsbericht 2019 der UNESCO" und gliedere ihn anschließend in Sinnabschnitte.

b) Fasse den Inhalt eines jeden Abschnitts in 2–3 Sätzen zusammen.

Infotext: Daten aus dem Weltbildungsbericht 2019 der UNESCO

Die ärmsten Länder der Welt liegen auf dem Weg zu einer chancengerechten und hochwertigen Bildung weit zurück. Laut Weltbildungsbericht 2019 haben rund 64 Millionen Kinder im Grundschulalter keine Möglichkeit, zur Schule zu gehen. Mehr als 34 Millionen dieser Kinder leben in afrikanischen Ländern südlich der Sahara, knapp zwölf Millionen in Zentral- und Südasien.

Viele Mädchen und Jungen werden zwar eingeschult, brechen die Grundschule dann jedoch vorzeitig ab. Besonders dramatisch ist die Situation in Subsahara-Afrika: Dort schließen nur 64 % der Kinder die Grundschule erfolgreich ab. Mängel sind auch bei der Qualität des Unterrichts zu verzeichnen. Nach Schätzungen der Organisation der Vereinten Nationen für Erziehung, Wissenschaft und Kultur (UNESCO) verfügen weltweit mehr als 56 % der Grundschulkinder und mehr als 61 % der Jugendlichen in der unteren Sekundarschule nicht einmal über grundlegende Lesefähigkeiten.

Im Jahr 2017 besuchten laut Weltbildungsbericht weltweit rund 61 Millionen Jugendliche nach Abschluss der Grundschule keine weiterführende Schule. Mehr als 138 Millionen Jugendliche und junge Erwachsene hatten keine Möglichkeit, die Hochschulreife oder einen berufsqualifizierenden Schulabschluss zu erreichen. Rund 102 Millionen Jugendliche (über 15 Jahre) und 750 Millionen Erwachsene können nicht lesen und schreiben, fast zwei Drittel von ihnen sind Frauen.

Der Weltbildungsbericht stellt fest, dass die Bildungschancen stark vom Wohnort und Einkommen abhängig sind: Kinder und Jugendliche auf dem Land schließen die Schule seltener ab als Gleichaltrige in der Stadt. Und je ärmer die Bevölkerung ist, desto schlechter stehen die Chancen, einen Schulabschluss zu erlangen.

Quelle: https://www.bmz.de/de/themen/bildung/hintergrund/bildungssituation/index.html; Daten aus: UNESCO Global Education Monitoring Report (2019): „Migration, Displacement and Education: Building Bridges, not Walls" und UNESCO Institute for Statistics (2017): „More Than One-Half of Children and Adolescents Are Not Learning Worldwide", Fact Sheet Nr. 46

 Bewerten

Aufgabe 2

a) Vergleicht in Vierergruppen eure Inhaltsabschnitte aus *Aufgabe 1* und versucht zu einem gemeinsamen Ergebnis zu kommen.

b) Schreibt eure Ergebnisse auf ein Plakat und stellt dieses der Klasse vor.

Aufgabe 3

Warum können nicht alle Kinder auf der Welt eine Grundschule besuchen und abschließen? Diskutiert darüber in der Klasse.

 Handeln

Aufgabe 4

Nehmt in Kleingruppen einen Podcast zum Thema „Bildungschancen in Entwicklungsländern" auf.

A. Bach / U. Tilsner: Globales Lernen im Deutschunterricht 8–10
© Auer Verlag

Erkennen

Aufgabe 1

a) Überlegt euch in Kleingruppen, wie Armut und Bildung zusammenhängen. Schreibt die wichtigsten Zusammenhänge in ein Außenteil des Placemats. Bezieht dabei auch die Abbildung des „Teufelskreis der Armut" mit ein.

b) Dreht das Placemat anschließend im Uhrzeigersinn und lest die jeweiligen Eintragungen eurer Gruppenmitglieder.

c) Einigt euch in eurer Gruppe auf fünf gemeinsame Punkte und schreibt diese in die Mitte des Placemats.

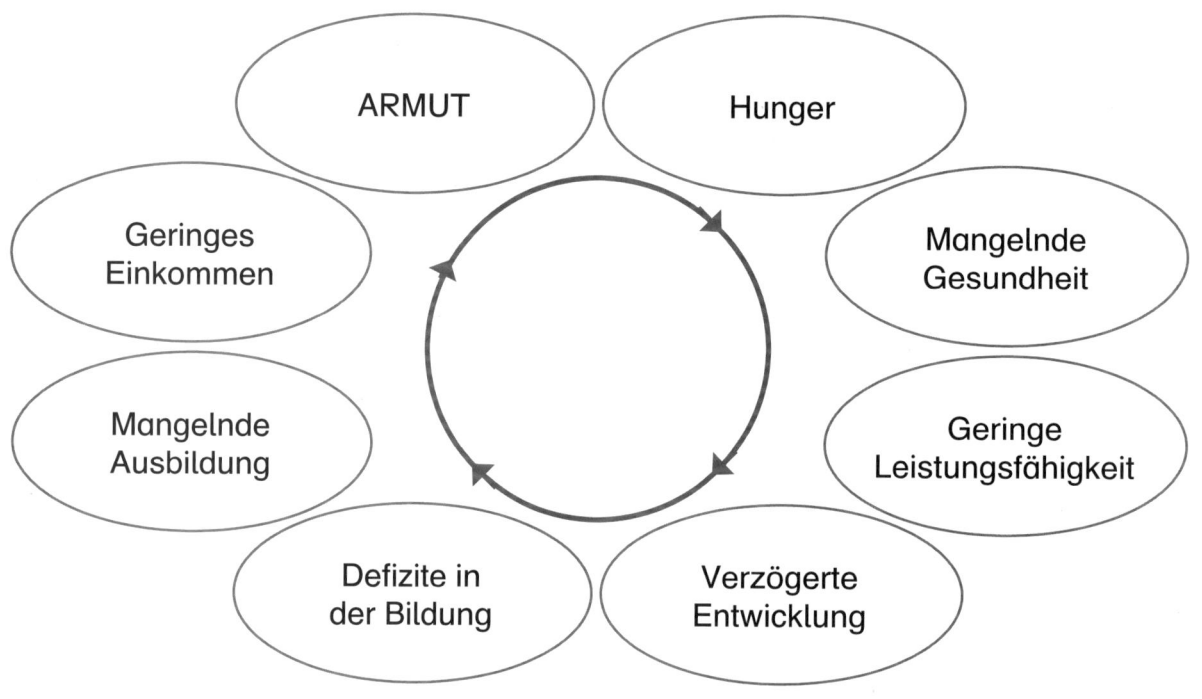

Teufelskreis der Armut

 Bewerten

Aufgabe 2

Stellt euch eure Ergebnisse aus *Aufgabe 1* gegenseitig in der Klasse vor und diskutiert über Gemeinsamkeiten und Unterschiede.

Aufgabe 3

Besprecht in der Klasse, in welchen Ländern Kinder und Jugendliche aufgrund von Armut mangelnde Ausbildungschancen haben.

Handeln

Aufgabe 4

Sammelt in eurer Schule Unterrichtsmaterialien wie Stifte, Hefte oder Zeichenblöcke, die z. B. am Ende des Schuljahrs liegen geblieben sind oder sammelt entsprechende Sachspenden. Stellt diese Materialien einem Flüchtlingsheim, der Kindertafel oder einer NGO (Non Governmental Organisation) zur Verfügung.

A. Bach / U. Tilsner: Globales Lernen im Deutschunterricht 8–10
© Auer Verlag

Placemat zu *Aufgabe 1*

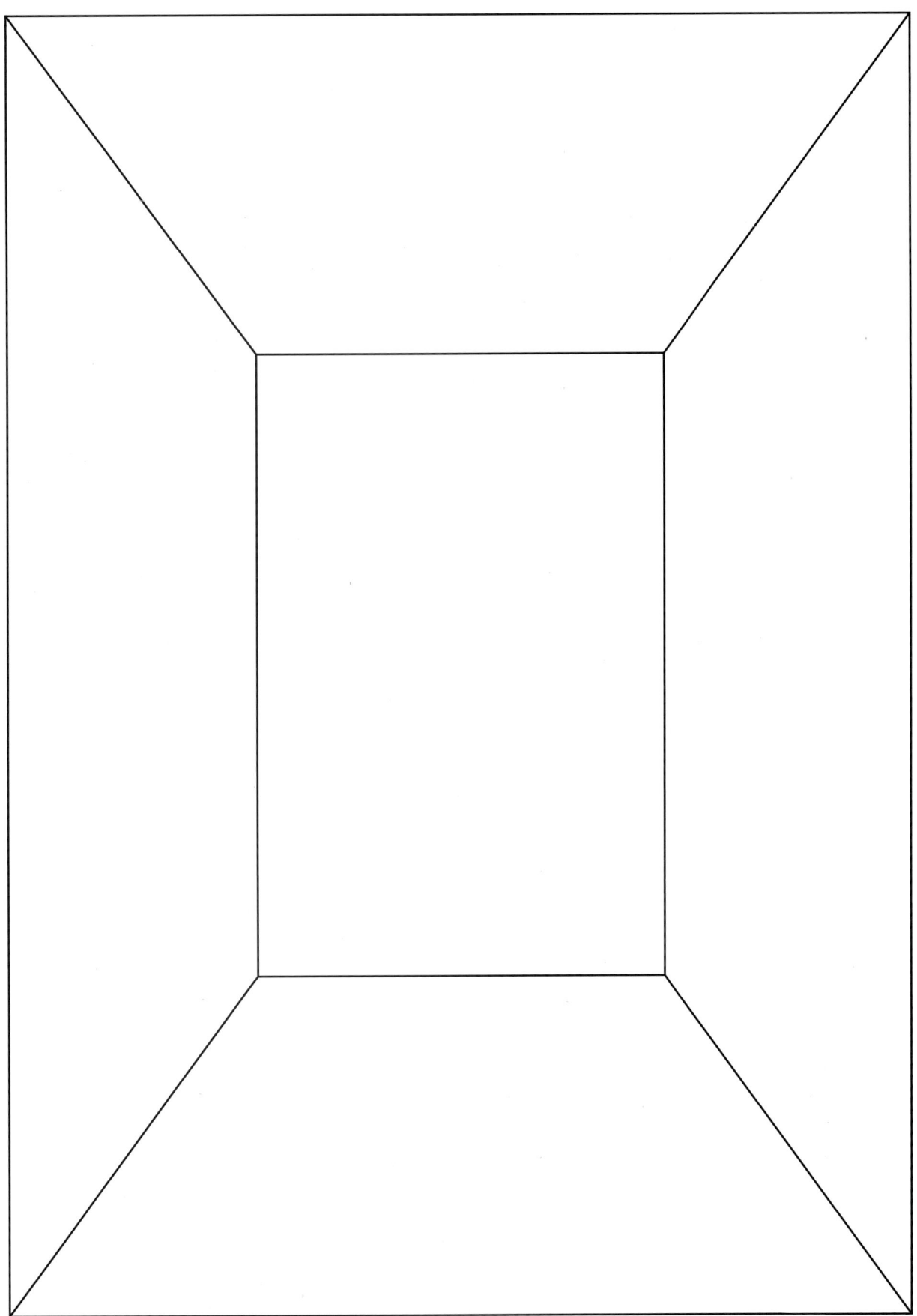

A. Bach / U. Tilsner: Globales Lernen im Deutschunterricht 8–10
© Auer Verlag

Didaktisch-methodische Überlegungen

Kompetenzen der Unterrichtseinheit

(K) Rede- und Gesprächskompetenz, Schreibkompetenz

Rede- und Gesprächskompetenz

Die Schüler*innen können …

- Gesprächsbeiträge zu konkreten und abstrakten Themen bzw. Sachverhalten verfolgen.

Schreibkompetenz

Die Schüler*innen können …

- Texte allein und mit anderen planen, schreiben und überarbeiten.
- ihren vorhandenen Wortschatz erweitern und differenziert gebrauchen.
- grammatische, lexikalische und textuelle Gestaltungsmittel funktional einsetzen.
- mit Wörtern, Sätzen und Texten spielerisch umgehen.

 ## AB Wasserverbrauch im Haushalt

Stundenziele

1. Die Schüler*innen korrigieren einen Text hinsichtlich der Groß- und Kleinschreibung.
2. Die Schüler*innen reflektieren ihren persönlichen Wasserverbrauch und zeigen Möglichkeiten auf, wie Wasser gespart werden kann.

Erwartungshorizont

Aufgabe 1

Trinkwasser ist das kostbarste Gut der Erde. In deutschen Haushalten werden pro Person und Tag im Durchschnitt etwa einhundertsiebenundzwanzig Liter Wasser verbraucht. Vierundvierzig Liter werden zum Baden, Duschen und zur weiteren Körperpflege genutzt. Über die Toilette fließen weitere neununddreißig Liter in den Abfluss. Wäsche waschen „kostet" neunzehn Liter, Geschirrspülen im Schnitt acht Liter. Soll die Wohnung sauber sein, sind schnell fünf Liter zum Putzen verbraucht. Zum Kochen und Trinken werden weitere vier Liter verwendet. Im Garten oder auf dem Balkon fallen drei Liter für das Blumengießen an. Weitere fünf Liter werden zum Beispiel zum Autowaschen oder für die Pflege eines Aquariums verbraucht. Einsparungsmöglichkeiten gibt es für den Einzelnen bei der Entscheidung, ob gebadet oder geduscht wird. Während bei einem Vollbad einhundertzwanzig Liter Wasser benötigt werden, verbraucht man beim Duschen nur sechzig Liter. Das setzt aber voraus, dass nur fünf Minuten geduscht wird. Ansonsten bringt man schnell mehr Liter zusammen als beim Baden. Bei der Körperpflege oder beim Abwaschen kann Wasser eingespart werden, indem man nicht bei fließendem Wasser seine Zähne putzt oder das Geschirr spült.

Aufgabe 2

Wasserverbrauch pro Person/Tag	127 l
Baden/Duschen etc.	44 l
Toilette	39 l
Wäsche waschen	19 l
Geschirr spülen	8 l
Wohnung putzen	5 l
Kochen und Trinken	4 l

A. Bach/U. Tilsner: Globales Lernen im Deutschunterricht 8–10
© Auer Verlag

Blumen gießen	3 l
Sonstiges	5 l

Aufgabe 3

Nach dem „Duschexperiment" werden die Lernenden vermutlich unterschiedliche Aussagen zu ihrem persönlichen Empfinden machen. Für einige Jugendliche wird die Erkenntnis sein, dass eine kurze Duschzeit völlig ausreichend ist.

Weiterarbeit

Mögliche Fragen für eine weiterführende Diskussion: Um wie viele Minuten habt ihr eure Duschzeit verkürzt? Welche Auswirkungen hatte die verkürzte Duschzeit auf euch?

Das „Duschexperiment" sollte von Zeit zu Zeit wiederholt und den Lernenden somit immer wieder ins Bewusstsein gerufen werden.

 AB Trinkwasser für alle

Stundenziele

1. Die Schüler*innen korrigieren einen Text hinsichtlich der Zeichensetzung.
2. Die Schüler*innen erläutern die Aussage einer Hilfsorganisation und bewerten diese.
3. Die Schüler*innen diskutieren darüber, warum in manchen Entwicklungsländern das Trinkwasser knapp ist.

Vorbereitungen

Der Einkauf verschiedener Sorten Mineralwasser in *Aufgabe 4* kann entweder als Hausaufgabe oder während der Unterrichtszeit erfolgen. Im Unterricht ist darauf zu achten, dass alle erforderlichen Sicherheitsvorkehrungen (Anmeldung bei der Schulleitung, Aufsichtspflicht etc.) eingehalten werden. Für die „Verkostung" des Wassers werden mehrere Trinkbecher oder Gläser benötigt.

Erwartungshorizont

Aufgabe 1

Die Ressource Wasser ist die Grundlage für die Umwelt, die Gesundheit von Menschen und Tieren sowie die wirtschaftliche Entwicklung. Man geht davon aus, dass heute weltweit etwa 663 Millionen Menschen keinen Zugang zu sauberem Trinkwasser haben. Davon lebt etwa die Hälfte in Afrika südlich der Sahara. Viele der dort lebenden Familien müssen aus Wasserquellen trinken, die auch von Tieren genutzt werden. Das macht die Menschen krank. Insbesondere kleine Kinder erkranken durch die Verunreinigungen schnell an lebensbedrohlichen Durchfällen. Umso stärker fällt es ins Gewicht, dass das Allgemeingut Wasser in den letzten Jahren durch Privatisierung und Kommerzialisierung nicht mehr für alle zugänglich ist. Durch großflächige Landkäufe kontrollieren nun mächtige Konzerne viele ober- und unterirdische Wasserreserven. Zum Teil müssen die Arbeiter in den Wasser-Abfüllbetrieben ihr eigenes Wasser zu einem überhöhten Preis kaufen. Die Privatisierung der Wasserressourcen betrifft nicht nur ländliche Gebiete, sondern lässt sich auch bei der städtischen Wasserversorgung beobachten. Es gibt Vorhersagen, die äußern, dass im Jahr 2050 etwa 40 % der Weltbevölkerung nicht mehr mit ausreichend Wasser versorgt werden können. Diese Tatsache wird neue Konflikte hervorrufen.

Aufgabe 2

Ohne Brunnen ist alles nichts: Ohne Wasser kann nichts wachsen. Der Mensch ist auf Trinkwasser und somit auf Brunnen angewiesen.

Doch Brunnen sind nicht alles: Wenn zu viele Brunnen gebaut werden, „gräbt man sich das Wasser ab". Das bedeutet, dass der Grundwasserspiegel sinkt und die Brunnen versiegen.

A. Bach/U. Tilsner: Globales Lernen im Deutschunterricht 8–10
© Auer Verlag

Aufgabe 3

Große Unternehmen kaufen ober- und unterirdische Wasserreserven in den Entwicklungsländern auf und kontrollieren diese. Die dortigen Bewohner*innen bekommen keinen Zugang mehr zu dem Trinkwasser oder müssen dafür völlig überhöhte Preise bezahlen, die sie sich nicht leisten können.

Es gibt Projekte, die in Trockengebieten Brunnen bauen, um den dort lebenden Menschen einen Zugang zu sauberem Trinkwasser zu verschaffen. Dabei ist darauf zu achten, dass das Wasser nur der einheimischen Bevölkerung zugutekommt und nicht von Großkonzernen aufgekauft wird.

 AB Water grabbing

Stundenziele

1. Die Schüler*innen erklären die Bedeutung eines Sprichworts.
2. Die Schüler*innen recherchieren im Internet zum Thema „Water grabbing" und seinen Konsequenzen.
3. Die Schüler*innen diskutieren Möglichkeiten, gegen „Water grabbing" anzukämpfen.
4. Die Schüler*innen gestalten Aufgaben für eine Lerntheke zum Thema.

Vorbereitungen

Für die Recherche in *Aufgabe 3a* ist es notwendig, dass alle Lernenden einen Zugang zum Internet haben.

Erwartungshorizont

Aufgabe 1

„Das Wasser abgraben" bedeutet, jemandem bewusst Schaden zufügen, jemandem etwas entziehen oder dessen Position schwächen. Beispiel: Mobbing. Die Beispiele, die die Schüler*innen nennen werden, sind vermutlich persönlicher Art.

Aufgabe 2

Die meisten Burgen früher waren von einem Wassergraben umgeben, der für eine Einnahme der Burg hinderlich war, da die Angreifer*innen den Graben nicht ohne Weiteres überqueren konnten. Sie versuchten daher das Wasser durch einen Kanal abzuleiten und somit der Burg das Wasser „abzugraben".

Aufgabe 3a

In seiner ursprünglichen Bedeutung versteht man unter „das Wasser abgraben" die gewaltsame Inbesitznahme einer Burg nach der Ableitung der Wasserzufuhr. Water grabbing meint den Verkauf von allgemein zugänglichen Wasserreserven an Investoren. Eine Privatisierung und Kommerzialisierung der Wasserressourcen erfolgt v. a. in den Ländern Afrikas. Die mächtigen Konzerne nutzen das Wasser dort zur Produktion von Agrarprodukten. Die einheimische Bevölkerung kann sich ihr eigenes Wasser dann nicht mehr leisten.

Aufgabe 3b

Beim Kauf von Produkten, Lebensmitteln und Dienstleistungen auf die virtuelle Wassermenge achten, um den eigenen Wasserfußabdruck zu verringern (z. B. Kauf regionaler Lebensmittel).

Aufgabe 4

Es empfiehlt sich, mit der Klasse unterschiedliche Formate zu besprechen, wie die Aufgaben für die Lerntheke gestaltet werden können (z. B. Memory, Domino, Tabu, Suchsel, Kreuzworträtsel u. a.).

A. Bach / U. Tilsner: Globales Lernen im Deutschunterricht 8–10
© Auer Verlag

 ## AB Virtuelles Wasser

Stundenziele

1. Die Schüler*innen verfassen einen informativen Text zum Thema „Virtuelles Wasser" unter Nichtberücksichtigung der Groß-/Kleinschreibung und Zeichensetzung.
2. Die Schüler*innen korrigieren die Groß-/Kleinschreibung und Zeichensetzung eines Texts und fassen dessen Inhalt zusammen.
3. Die Schüler*innen gestalten ein Plakat zum Wasserverbrauch bei der Herstellung verschiedener Produkte.

Vorbereitungen

Für die Recherche in *Aufgabe 2a* ist es notwendig, dass alle Lernenden einen Zugang zum Internet haben. Für *Aufgabe 3* sollten den Lernenden mehrere große Plakate sowie farbige Eddings zur Verfügung gestellt werden.

Erwartungshorizont

Aufgabe 1

Der Satz spielt auf das „virtuelle Wasser" an, das in fast allen Produkten enthalten ist, aber auf den ersten Blick nicht sichtbar ist.

Aufgabe 2a

Der Begriff „virtuelles Wasser" beschreibt die Gesamtmenge an Wasser, die während des Herstellungsprozesses für ein Produkt, ein Lebensmittel oder eine Dienstleistung benötigt wird. Aus dieser Wassermenge lässt sich der Wasserfußabdruck eines Produkts berechnen.

Man unterscheidet drei Arten von Wasser, die zur Herstellung der Waren beansprucht werden:

1. Grünes Wasser: Regenwasser, das im Boden gespeichert und von Pflanzen über ihre Wurzeln zum Wachsen aufgenommen wird.

2. Blaues Wasser: Wasser aus Flüssen, Seen und dem Grundwasser, das zur zusätzlichen Bewässerung von Feldern verwendet wird.

3. Graues Wasser: Wasser, das während des Herstellungsprozesses verschmutzt und somit unbrauchbar wird. Es bezeichnet die Menge an Wasser, die beispielsweise benötigt wird, um das verschmutzte Wasser so weit zu verdünnen, dass es wieder den Qualitätsstandards entspricht.

Aufgabe 3

Beispiele: 1 Tüte Chips (185 l), 180 g Schnitzel (2 300 l), 1 Paar Lederschuhe (8 000 l), 1 kg Erdbeeren (276 l), 1 Salat (130 l), 1 Jeanshose (11 000 l), 100 g Schokolade (1 700 l), 1 Hamburger (2 800 l), 1 l Bier (300 l).

Weiterarbeit

Mögliche Fragen für eine weiterführende Diskussion: Warum ist es notwendig, die Menge des virtuellen Wassers zu verringern? Welche Möglichkeiten siehst du für dich, deinen Wasserfußabdruck zu verringern?

A. Bach/U. Tilsner: Globales Lernen im Deutschunterricht 8–10
© Auer Verlag

Wasserverbrauch im Haushalt

 Erkennen

Infotext: WASSERVERBRAUCH IM HAUSHALT

TRINKWASSER IST DAS KOSTBARSTE GUT DER ERDE. IN DEUTSCHEN HAUSHALTEN WERDEN PRO PERSON UND TAG IM DURCHSCHNITT ETWA EINHUNDERTSIEBENUNDZWANZIG LITER WASSER VERBRAUCHT. VIERUNDVIERZIG LITER WERDEN ZUM BADEN, DUSCHEN UND ZUR WEITEREN KÖRPERPFLEGE GENUTZT. ÜBER DIE TOILETTE FLIEßEN WEITERE NEUNUNDDREIßIG LITER IN DEN ABFLUSS. WÄSCHE WASCHEN „KOSTET" NEUNZEHN LITER, GESCHIRRSPÜLEN IM SCHNITT ACHT LITER. SOLL DIE WOHNUNG SAUBER SEIN, SIND SCHNELL FÜNF LITER ZUM PUTZEN VERBRAUCHT. ZUM KOCHEN UND TRINKEN WERDEN WEITERE VIER LITER VERWENDET. IM GARTEN ODER AUF DEM BALKON FALLEN DREI LITER FÜR DAS BLUMENGIEßEN AN. WEITERE FÜNF LITER WERDEN ZUM BEISPIEL ZUM AUTOWASCHEN ODER FÜR DIE PFLEGE EINES AQUARIUMS VERBRAUCHT. EINSPARUNGSMÖGLICHKEITEN GIBT ES FÜR DEN EINZELNEN BEI DER ENTSCHEIDUNG, OB GEBADET ODER GEDUSCHT WIRD. WÄHREND BEI EINEM VOLLBAD EINHUNDERTZWANZIG LITER WASSER BENÖTIGT WERDEN, VERBRAUCHT MAN BEIM DUSCHEN NUR SECHZIG LITER. DAS SETZT ABER VORAUS, DASS NUR FÜNF MINUTEN GEDUSCHT WIRD. ANSONSTEN BRINGT MAN SCHNELL MEHR LITER ZUSAMMEN ALS BEIM BADEN. BEI DER KÖRPERPFLEGE ODER BEIM ABWASCHEN KANN WASSER EINGESPART WERDEN, INDEM MAN NICHT BEI FLIEßENDEM WASSER SEINE ZÄHNE PUTZT ODER DAS GESCHIRR SPÜLT.

Aufgabe 1
Schreibe den obigen Infotext in korrekter Groß- und Kleinschreibung ab.

 Bewerten

Aufgabe 2
Stelle eine Tabelle über den Wasserverbrauch im Haushalt auf. Besprich anschließend mit deinem Partner, wo Wasser gespart werden kann.

Handeln

Aufgabe 3
a) Führe eine Woche lang Buch darüber, wie viel Wasser du verbrauchst. Schreibe auf, wie oft du duschst oder badest, zur Toilette gehst usw. Tragt eure Ergebnisse nach einer Woche zusammen.
b) Führe einen zweiten Versuch durch, bei dem du bewusst Wasser sparst, indem du z. B. eine kürzere Zeit duschst.
c) Diskutiert in der Klasse, inwieweit der Verzicht auf langes Duschen euer Wohlbefinden beeinflusst hat.

A. Bach/U. Tilsner: Globales Lernen im Deutschunterricht 8–10
© Auer Verlag

 Erkennen

Infotext: Wasserressourcen

Die Ressource Wasser ist die Grundlage für die Umwelt die Gesundheit von Menschen und Tieren sowie die wirtschaftliche Entwicklung man geht davon aus dass heute weltweit etwa 663 Millionen Menschen keinen Zugang zu sauberem Trinkwasser haben davon lebt etwa die Hälfte in Afrika südlich der Sahara viele der dort lebenden Familien müssen aus Wasserquellen trinken die auch von Tieren genutzt werden das macht die Menschen krank insbesondere kleine Kinder erkranken durch die Verunreinigungen schnell an lebensbedrohlichen Durchfällen umso stärker fällt es ins Gewicht dass das Allgemeingut Wasser in den letzten Jahren durch Privatisierung und Kommerzialisierung nicht mehr für alle zugänglich ist durch großflächige Landkäufe kontrollieren nun mächtige Konzerne viele ober- und unterirdische Wasserreserven zum Teil müssen die Arbeiter in den Wasser-Abfüllbetrieben ihr eigenes Wasser zu einem überhöhten Preis kaufen die Privatisierung der Wasserressourcen betrifft nicht nur ländliche Gebiete sondern lässt sich auch bei der städtischen Wasserversorgung beobachten es gibt Vorhersagen die äußern dass im Jahr 2050 etwa 40 % der Weltbevölkerung nicht mehr mit ausreichend Wasser versorgt werden können diese Tatsache wird neue Konflikte hervorrufen

Aufgabe 1

Schreibe den Infotext „Wasserressourcen" richtig ab, indem du die fehlenden Satzzeichen einsetzt. Achte dabei auch auf die Groß- und Kleinschreibung.

 Bewerten

Aufgabe 2

Ohne Brunnen ist alles nichts, doch Brunnen sind nicht alles!
Erläutere und bewerte diese Aussage einer Hilfsorganisation.
Nimm dabei auch Bezug zum obigen Infotext.

Aufgabe 3

Woran liegt es, dass in manchen Entwicklungsländern das Trinkwasser knapp ist? Was kann man dagegen tun?
Diskutiert darüber in der Klasse.

© GraphicsRF – stock.adobe.com

Handeln

Aufgabe 4

Nehmt in der Klasse eine „Wasserverkostung" vor.
Ein Vorbereitungsteam kauft verschiedene Sorten Mineralwasser (ohne Kohlensäure) und füllt zusätzlich eine Flasche mit Leitungswasser ab. Alle anderen Schüler probieren schließlich mit verbundenen Augen die verschiedenen Wassersorten und bewerten diese auf einer Skala von 1 bis 5 (schlecht – gut). Welches Wasser „gewinnt"?

A. Bach/U. Tilsner: Globales Lernen im Deutschunterricht 8–10
© Auer Verlag

Jemandem das Wasser abgraben.

Erkennen

Aufgabe 1

Was bedeutet das obige Sprichwort? Interpretiere das Sprichwort schriftlich und nenne ein Beispiel dafür.

Bewerten

Infotext: Jemandem das Wasser abgraben

Dieses Sprichwort hat einen realen Hintergrund. Früher waren Burgen mit ihren massiven Toren und Zugbrücken nur schwer einzunehmen. Mit Katapulten, durch die große Steine auf die Burg geschossen wurden, versuchte man diese zu zerstören. Allerdings führte das lediglich zu Schäden an den dicken Mauern, aber nicht zu einem Durchbruch. Eine weitere Möglichkeit, die für die Angreifer allerdings sehr gefährlich war, war ein Angriff mit Leitern, Rammen oder ähnlichem Gerät. Die meisten Burgen waren von einem Wassergraben

© Sergey Novikov – stock.adobe.com

umgeben, der bei einem Angriff natürlich für die Feinde hinderlich war. Deshalb versuchte man mittels eines Kanals das Wasser abzuleiten und so der Burg „das Wasser abzugraben". Das erste Hindernis zur Einnahme der Burg war damit aus dem Weg.

Aufgabe 2

Erkläre die im Infotext beschriebene, ursprüngliche Bedeutung des Sprichworts in eigenen Worten.

Aufgabe 3

a) Ist „das Wasser abgraben" gleich „Water grabbing" in der heutigen Zeit? Recherchiere im Internet, was man unter „Water grabbing" versteht und welche Konsequenzen es für die Entwicklungsländer (wie z. B. Afrika), aber auch für unseren Konsum hat.

b) Vergleiche deine Ergebnisse aus *Aufgabe 3a* mit denen deines Partners.

c) Gibt es Möglichkeiten gegen „Water grabbing" anzukämpfen? Diskutiert darüber in der Klasse.

Handeln

Aufgabe 4

Teilt euch das Thema „Water grabbing" in der Klasse auf und gestaltet dazu Aufgaben für eine Lerntheke, die ihr z. B. jüngeren Klassen zur Verfügung stellen könnt.

A. Bach / U. Tilsner: Globales Lernen im Deutschunterricht 8 – 10
© Auer Verlag

Ich sehe Was(ser), was du nicht siehst.

 Erkennen

Aufgabe 1

Der obige Satz ist einem Kinderspiel angeglichen: „Ich sehe was, was du nicht siehst, und das ist ..." (eine Farbe wird eingesetzt).
Was könnte der oben genannte Satz bedeuten? Mache dir dazu Notizen.

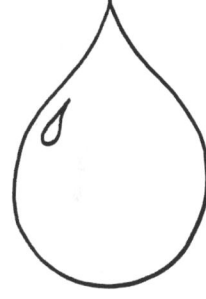

 Bewerten

Aufgabe 2

a) Informiere dich im Internet über „Virtuelles Wasser" und schreibe darüber einen informativen Text. Dieser Text soll vollständig in Kleinschreibung und ohne Zeichensetzung sein.

b) Tausche deinen Text mit dem deines Partners. Korrigiere den Text deines Partners zunächst und fasse anschließend dessen Inhalt zusammen.

c) Vergleicht eure Ergebnisse miteinander und diskutiert über die Aussagen eurer Texte.

 Handeln

Aufgabe 3

Gestaltet in Partnerarbeit ein Plakat, auf dem gezeigt wird, wie viel (reales und virtuelles) Wasser zur Herstellung verschiedener Produkte verwendet bzw. verschwendet wird. Präsentiert euer Plakat anschließend in der Klasse.

A. Bach/U. Tilsner: Globales Lernen im Deutschunterricht 8–10
© Auer Verlag

Didaktisch-methodische Überlegungen

Kompetenzen der Unterrichtseinheit

(K) Rede- und Gesprächskompetenz, Schreibkompetenz

Rede- und Gesprächskompetenz

Die Schüler*innen können …

- Texte gestaltend vorlesen und (frei) vortragen.
- Texte und Arbeitsergebnisse zu konkreten und abstrakten Themen bzw. Sachverhalten mediengestützt präsentieren.

Schreibkompetenz

Die Schüler*innen können …

- Konflikte und deren Ausgestaltung in den Medien aufzeigen und mit der eigenen Lebenswelt in Bezug setzen.
- Texte in unterschiedlichen Formaten verfassen.
- Texte adressaten- und anlassbezogen formulieren.
- Texte unter Berücksichtigung von Sprach- und Textnormen gestalten.

Medienkompetenz

Die Schüler*innen können …

- Zugang zu unterschiedlichen Medien (v. a. zu Zeitungstexten) finden.
- Medien kritisch-reflektiert, gestalterisch und technisch sachgerecht nutzen.
- ihre Lern- und Arbeitsergebnisse mediengestützt präsentieren.

 AB Ursachen des Hungers

Stundenziele

1. Die Schüler*innen erklären den inhaltlichen Unterschied zweier Grafiken.
2. Die Schüler*innen nennen Ursachen für den wachsenden Hunger auf der Welt und verfassen dazu einen Kommentar.
3. Die Schüler*innen informieren sich über die tägliche Nahrungsmenge eines Menschen in einem Entwicklungsland und vergleichen diese mit einer Diät.

Vorbereitungen

Für *Aufgabe 2b* müssen den Lernenden ausreichend Plakatstreifen und Eddings zur Verfügung gestellt werden. Für die Recherche in *Aufgabe 3* ist es notwendig, dass alle Lernenden einen Zugang zum Internet haben.

Erwartungshorizont

Aufgabe 1
Die beiden Grafiken veranschaulichen zum einen den unverschuldeten und zum anderen den selbst herbeigeführten bzw. krankhaften Hunger.

Aufgabe 2
Mögliche Ursachen: Armut, Kriege, Naturkatastrophen (z. B. Dürre, Überschwemmungen oder Brände), Klimawandel, korrupte Regierungen, schlechte Infrastruktur, schlechte medizinische Versorgung (Krankheiten, Seuchen).

A. Bach / U. Tilsner: Globales Lernen im Deutschunterricht 8–10
© Auer Verlag

Aufgabe 3

Für die Ernährung eines erwachsenen Menschen sind im Durchschnitt – abhängig von Geschlecht, Alter und körperlicher Arbeit – ca. 2200–3000 Kilokalorien (kcal) täglich ausreichend. Bei einer „gesunden" Diät wird eine Verringerung der benötigten Kalorienzufuhr um 500 kcal empfohlen. In Entwicklungsländern stehen den Menschen grundsätzlich insgesamt weniger Kilokalorien zur Verfügung. Als Untergrenze werden 1800 kcal angesetzt, die jedoch in manchen Bereichen nicht erreicht werden können.

Weiterarbeit

Je nach Zusammensetzung der Klasse kann an dieser Stelle eine Lerneinheit über Essstörungen folgen. Es empfiehlt sich eine Zusammenarbeit mit der Biologielehrkraft.

 AB Körperliche Auswirkungen des Hungers

Stundenziele

1. Die Schüler*innen recherchieren im Internet über mögliche körperliche Auswirkungen des Hungers.

2. Die Schüler*innen verfassen eine Rede zum Welthungertag mit dem Thema „Warum hat jeder Mensch ein Recht auf Nahrung?"

3. Die Schüler*innen gestalten eine Collage, auf der die verschiedenen Auswirkungen des Hungers zu erkennen sind.

Vorbereitungen

Für die Recherche in *Aufgabe 1b* ist es notwendig, dass alle Lernenden einen Zugang zum Internet haben. Falls der „World Food Day" den Lernenden noch nicht bekannt ist, sollte dieser von der Lehrkraft vor der Bearbeitung von *Aufgabe 2* erklärt werden. Für das Erstellen der Collage in *Aufgabe 3* sind verschiedene Materialien (z. B. größere Plakate, farbiges Tonpapier, Zeitungen, Tapetenrolle, Filzstifte, Eddings etc.) bereitzustellen.

Erklärung „World Food Day" (zu *Aufgabe 2*):

Der Hunger auf der Welt hat viele Ursachen, wie z. B. Korruption, Dürre, Land Grabbing, Water grabbing und Kriege. Der 16. Oktober eines jeden Jahres soll darauf aufmerksam machen, dass immer noch Millionen Menschen an Hunger leiden. Er hat daher den Namen „Welternährungstag" oder „Welthungertag". Dieser Tag wurde 1979 eingeführt und findet jedes Jahr in den verschiedenen Ländern unter einem neuen Motto statt. Warum wurde dieses Datum gewählt? Am 16. Oktober 1945 wurde die Ernährungs- und Landwirtschaftsorganisation als Sonderorganisation der UNO gegründet. Sie hat die Aufgabe, die weltweite Ernährung zu sichern.

Erwartungshorizont

Aufgabe 1a

Bei der Bildbeschreibung werden die Lernenden womöglich die Bäuche der abgebildeten Kinder ansprechen und in Frage stellen, ob diese Kinder tatsächlich hungern. Für sie wird Hunger vermutlich fast ausschließlich mit Diäten und einem schlanken Körper in Verbindung gebracht.

Aufgabe 1b

Nach acht bis zehn Tagen Hunger stellt der Körper seinen Stoffwechsel auf eine Art Energiesparprogramm um. Dabei werden wesentliche Aktivitäten heruntergefahren und laufen auf Sparflamme. Herzfrequenz, Blutdruck und Körpertemperatur sinken. Langfristiger Nahrungsmangel kann zu geistigen und körperlichen Entwicklungsverzögerungen sowie schweren Krankheiten bis hin zum Tod führen.

Aufgabe 2

Mögliche Argumente für die Rede: alle Menschen sind gleich; es ist weltweit genug Essen vorhanden, um alle Menschen satt zu machen; Gerechtigkeit für alle bedeutet auch, dass alle Menschen ausreichend zu essen haben sollen; der Lebensstil der nördlichen Hemisphäre ist mitverantwortlich für den Nahrungsmangel in der südlichen Hemisphäre.

A. Bach/U. Tilsner: Globales Lernen im Deutschunterricht 8–10
© Auer Verlag

Schreibformen: Zeitungstexte – Kein Hunger

 AB Bekämpfung des Hungers auf der Welt

Stundenziele

1. Die Schüler*innen beschreiben eine Grafik und setzen deren Begriffe zueinander in Beziehung.
2. Die Schüler*innen informieren sich im Internet über eine Hilfsorganisation ihrer Wahl.
3. Die Schüler*innen verfassen einen kritischen Bericht über diese Hilfsorganisation.
4. Die Schüler*innen stellen mehrere Hilfsorganisationen unter bestimmten Fragestellungen vor.

Vorbereitungen

Für die Recherche in *Aufgabe 2a und 3* ist es notwendig, dass alle Lernenden einen Zugang zum Internet haben. Für *Aufgabe 3* muss für jede Kleingruppe das Blatt mit dem „Hilfefächer" vorab kopiert werden.

Erwartungshorizont

Aufgabe 1

Im Mittelpunkt der Grafik sind zwei Hände zu sehen, die eine Schale bilden. Aus diesen Händen erwächst eine Ähre. Im Hintergrund der Hände ist der Globus erkennbar. Die Schrift darunter weist auf den „World Food Day" und dessen Datum hin. Um die Grafik herum sind verschiedene Hilfsorganisationen aufgeführt.

Aufgabe 2

Mögliche Links für eine kritische Recherche:

- https://www.ndr.de/der_ndr/presse/mitteilungen/pressemeldungndr9435.html
- https://www.news.at/a/hilfsorganisationen-kritik-gutes-boeses-9236909

Damit eine kritische Auseinandersetzung mit den verschiedenen Hilfsorganisationen möglich wird, benötigen die Lernenden in jedem Fall Hilfestellung durch die Lehrkraft. Es sollte verhindert werden, dass nur auf der Homepage der jeweiligen Hilfsorganisation recherchiert wird.

Aufgabe 3

	Wer hilft?	Wem wird geholfen?	Wo wird geholfen?	Wie wird geholfen?
Unicef	Vereinte Nationen	Kindern in Not bei Kriegen, Katastrophen, Krankheiten, Ausbeutung oder fehlender Teilhabe	weltweit	politische Arbeit, programmatische Initiativen und viele ehrenamtlich Engagierte, Spendenaufrufe
Missio	Katholische Kirche: Ordensschwestern	in Gewaltsituationen und bei Naturkatastrophen; Ziel: Religionsfreiheit, Frieden innerhalb der Religionen	vorrangig Naher Osten und Nigeria	durch die drei wesentlichen Begriffe „glauben", „leben", „geben", Spendenaufrufe
Brot für die Welt	Evangelische Kirche	Ziel: Ernährungssicherheit zu Zeiten des Klimawandels	weltweit in über 90 Ländern	Förderung von Bildung und Gesundheit, Zugang zu Wasser, Spendenaufrufe
Kindernothilfe	eingetragener Verein Duisburg, christliches Hilfswerk	Kindern in schwierigen Lebenssituationen	hauptsächlich Asien, Lateinamerika, Afrika, Osteuropa	für Bildung, gegen Gewalt, für Teilhabe, gegen Kinderarbeit, Spendenaufrufe

A. Bach/U. Tilsner: Globales Lernen im Deutschunterricht 8–10
© Auer Verlag

	Wer hilft?	Wem wird geholfen?	Wo wird geholfen?	Wie wird geholfen?
Welthunger-hilfe	eingetragener Verein Köln/Bonn	Menschen in Not	Afrika, Asien, Südamerika	durch Hilfe zur Selbst-hilfe, Spendenaufrufe
Aktion gegen den Hunger	Deutsche Sektion von Action contre la Faim	Ziel: Welt ohne Hunger, Nach-haltigkeit	in 50 Ländern	durch Hilfe zur Selbst-hilfe, Katastrophenhilfe, Spendenaufrufe, Lauf gegen den Hunger, Erbschaften
Das Hunger-projekt	eingetragener Verein München	vorrangig Mädchen und Frauen	Afrika, Indien, Bangladesch, Lateinamerika	Stärkung der lokalen Selbstverwaltung, Gleichstellung der Geschlechter, Einbin-dung lokaler Behörden, Spendenaufrufe

 ## AB Vegetarische Ernährung

Stundenziele

1. Die Schüler*innen fassen den Inhalt eines Texts stichpunktartig zusammen.

2. Die Schüler*innen stellen die Vor- und Nachteile einer vegetarischen Ernährung in einer Tabelle ge-genüber.

3. Die Schüler*innen verfassen eine Glosse zum Thema „Vegetarische Ernährung: Eine Lösung zur Bekämpfung des Welthungers?".

Vorbereitungen

Für die Recherche in *Aufgabe 2* ist es notwendig, dass alle Lernenden einen Zugang zum Internet haben.

Erwartungshorizont

Aufgabe 1a

Es ist kein Problem sich vegetarisch zu ernähren, wenn man sich im Vorfeld genau darüber informiert, wie man seinen Nährstoffbedarf ohne den Verzehr von Fleisch, Fisch und Wurst decken kann.

Aufgabe 1b

Vorteile: das Risiko einer Verstopfung und daraus resultierenden Folgeerkrankungen ist stark vermin-dert; seltener hoher Blutdruck

Nachteile: man muss sich genau über die entsprechenden pflanzlichen Lebensmittel und deren sinn-volle Kombination informieren

Aufgabe 2

In einer Glosse setzt man sich in kurzer Form mit einem aktuellen Thema auseinander. Stilmittel, die dabei verwendet werden können, sind Ironie, Sarkasmus, aber auch Übertreibungen. In der Glosse wird die eigene Meinung zu dem jeweiligen Thema deutlich. Gleichzeitig soll sie den*die Leser*in aber auch zum Nachdenken über das dargestellte Thema anregen und ihn*sie somit zu einer eigenen Mei-nung veranlassen.

Das Umweltbundesamt (UBA) rät zu einer Reduzierung des Fleischkonsums innerhalb der Industrie-länder, um die Welthungerproblematik zu entschärfen. Bei der Fleischproduktion werden die Tiere zu einem Großteil mit Nahrung versorgt, die auch von Menschen hätte gegessen werden können. Da die zugeführte Nahrung bei den Tieren nur zu einem geringen Teil in Fleisch umgewandelt wird, wird somit Nahrung im Prinzip verschwendet.

A. Bach/U. Tilsner: Globales Lernen im Deutschunterricht 8–10
© Auer Verlag

Zur weiteren Vertiefung des Themas: https://albert-schweitzer-stiftung.de/aktuell/umweltbundesamt-zum-zusammenhang-von-fleischkonsum-und-welthunger.

Weiterarbeit

Mögliche Fragen für eine weiterführende Diskussion: Was schätzt ihr, wie viel Fleisch und Wurst ihr innerhalb einer Woche konsumiert? Durch welche pflanzlichen Lebensmittel könnten die tierischen Produkte, die ihr konsumiert, ersetzt werden?

A. Bach / U. Tilsner: Globales Lernen im Deutschunterricht 8 – 10
© Auer Verlag

Ursachen des Hungers

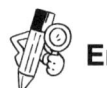

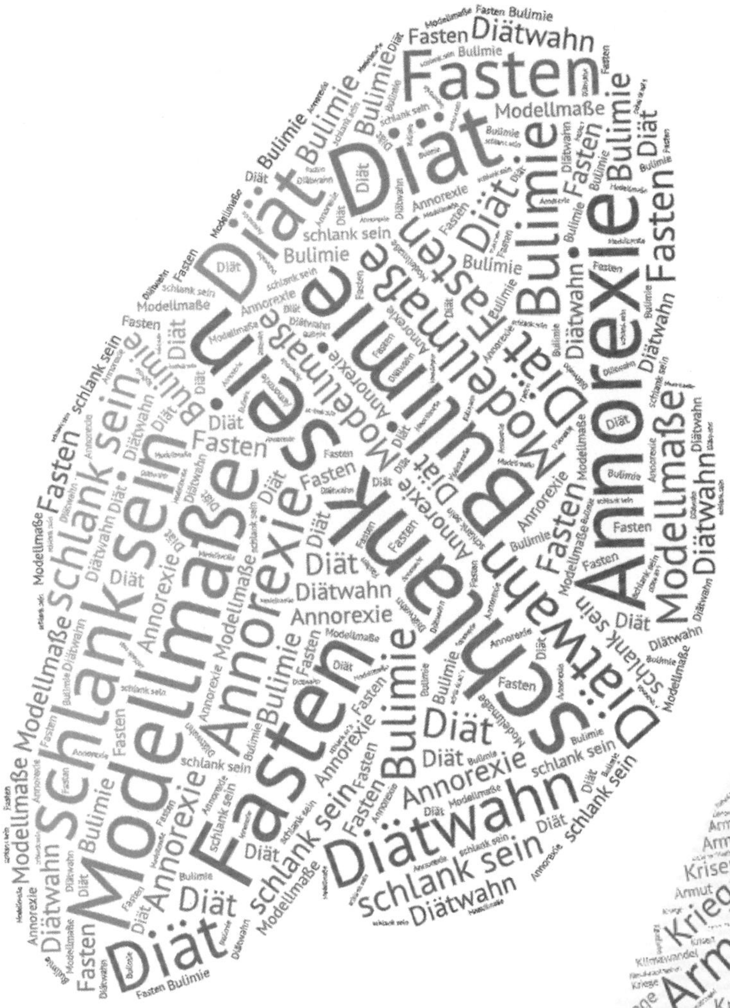

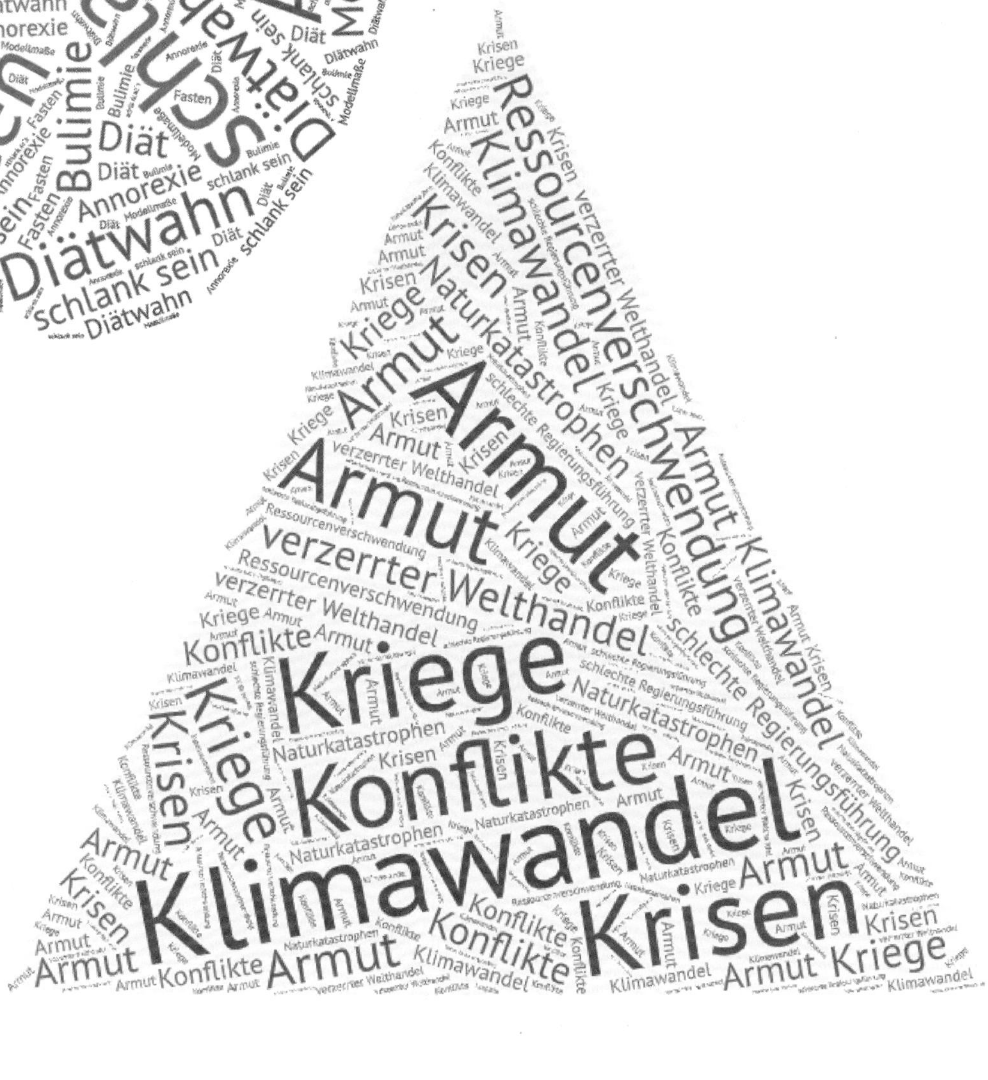

© eigene Grafik

Erkennen

Aufgabe 1

Erkläre in einem Satz den wesentlichen Unterschied zwischen den in den beiden Grafiken dargestellten Ursachen von Hunger.

A. Bach/U. Tilsner: Globales Lernen im Deutschunterricht 8–10
© Auer Verlag

Infotext: Ursachen des Hungers

Was sind die Ursachen des Hungers? Es gibt verschiedene Gründe für den Hunger in der Welt. Schaut man sich diese genauer an, dann erkennt man ihren engen Zusammenhang: Armut, Klimakatastrophen, kriegerische Auseinandersetzungen, mangelnde landwirtschaftliche Infrastruktur und instabile Märkte.

Armut und Hunger bedingen sich gegenseitig. Ein Mensch, der arm ist, leidet auch oft an Hunger. Wegen seines Hungers ist er nur eingeschränkt arbeitsfähig, um seinen Lebensunterhalt zu verdienen. Die Konsequenz daraus ist, dass er sich ohne Geld nicht ernähren kann. In den Entwicklungsländern fehlt den Bauern oft das Geld zum Kauf von Saatgut, sodass sie nichts anbauen können, was ihre Familien wiederum ernähren könnte.

Die landwirtschaftliche Struktur ist in vielen Entwicklungsländern nicht ausreichend (z. B. fehlende Straßen, kaum Bewässerungssysteme, lange Transportwege).

Naturkatastrophen führen zu Missernten, die Bauern verlieren ihre Nutzflächen und damit ihre Ernährungsgrundlage. Kriegerische Auseinandersetzungen und gewaltsame Konflikte auf der ganzen Welt führen dazu, dass es für die Bauern zu gefährlich ist, ihre Felder zu bestellen. Zudem werden die Menschen durch die Kämpfe gezwungen, ihre Heimat zu verlassen – das führt naturgemäß zu Hungerkrisen.

 Bewerten

Aufgabe 2

a) Sammelt gemeinsam in der Klasse mögliche Ursachen, die zum „Wachsen" des Hungers führen können. Nehmt dabei Bezug zum obigen Infotext und zur Grafik auf dem vorherigen Arbeitsblatt.

b) Schreibt die Ursachen des Hungers anschließend auf Plakatstreifen, clustert diese an der Tafel und diskutiert darüber in der Klasse.

c) Schreibe einen Kommentar zum Thema „Ursachen des Welthungers".

 Handeln

Aufgabe 3

Recherchiere im Internet, wieviel Kilokalorien ein erwachsener Mensch im Durchschnitt täglich zu sich nehmen sollte. Vergleiche die Zahl mit der Kalorienanzahl, die ein Mensch bei einer Diät zu sich nimmt, sowie mit der täglichen Kalorienzufuhr eines Menschen in einem Entwicklungsland.

A. Bach/U. Tilsner: Globales Lernen im Deutschunterricht 8–10
© Auer Verlag

Körperliche Auswirkungen des Hungers

© Sergey Uryadnikov – Shutterstock

 Erkennen

Aufgabe 1

a) Beschreibe das obige Bild.

b) Das Bild zeigt eine Auswirkung des Hungers. Allerdings gibt es noch weitere körperliche Auswirkungen. Recherchiere diese im Internet und notiere sie stichpunktartig.

c) Vergleiche deine Ergebnisse im Klassengespräch und ergänze dabei gegebenenfalls deine Notizen.

 Bewerten

Aufgabe 2

Am 16. Oktober eines jeden Jahres ist der Welthungertag (World Food Day). Das Thema des Welthungertages 2019 lautete: „Unser Handeln ist unsere Zukunft. Gesunde Ernährung für eine Welt ohne Hunger". Schreibe eine Rede zum Welthungertag mit dem Thema „Warum hat jeder Mensch ein Recht auf Nahrung?" Beziehe dabei auch deine Ergebnisse aus *Aufgabe 1* mit ein.

 Handeln

Aufgabe 3

Gestaltet in Partnerarbeit eine Collage, auf der die verschiedenen Auswirkungen des Hungers zu erkennen sind. Präsentiert diese anschließend in der Klasse.

A. Bach/U. Tilsner: Globales Lernen im Deutschunterricht 8–10
© Auer Verlag

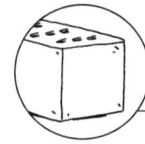
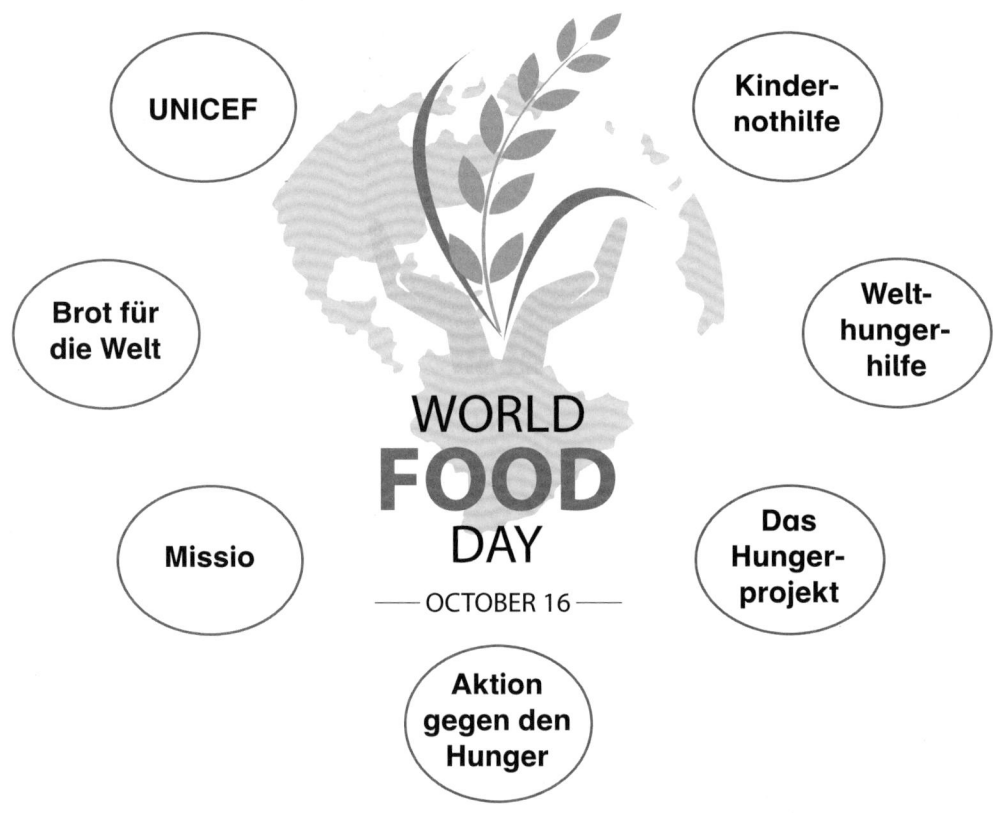

© Handini_Atmodiwiryo – stock.adobe.com

 Erkennen

Aufgabe 1

Beschreibe die obige Grafik und versuche einen Zusammenhang zwischen den einzelnen Begriffen und der Bildmitte herzustellen.

 Bewerten

Aufgabe 2

a) Wähle eine der abgebildeten Organisationen aus und informiere dich über sie im Internet.

b) Verfasse einen kritischen Bericht über diese Organisation.

c) Stellt eure Berichte jeweils in der Klasse vor und diskutiert darüber.

 Handeln

Aufgabe 3

Gestaltet in Kleingruppen einen *Hilfefächer* zum Thema „Wie helfen Hilfsorganisationen dabei, den Hunger wirksam einzudämmen?"

Stellt dazu mithilfe des Internets vier der abgebildeten Organisationen unter folgenden Fragestellungen vor:

● Wer hilft?

● Wem wird geholfen?

● Wo wird geholfen?

● Wie wird geholfen?

A. Bach/U. Tilsner: Globales Lernen im Deutschunterricht 8–10
© Auer Verlag

Hilfefächer zu *Aufgabe 1*

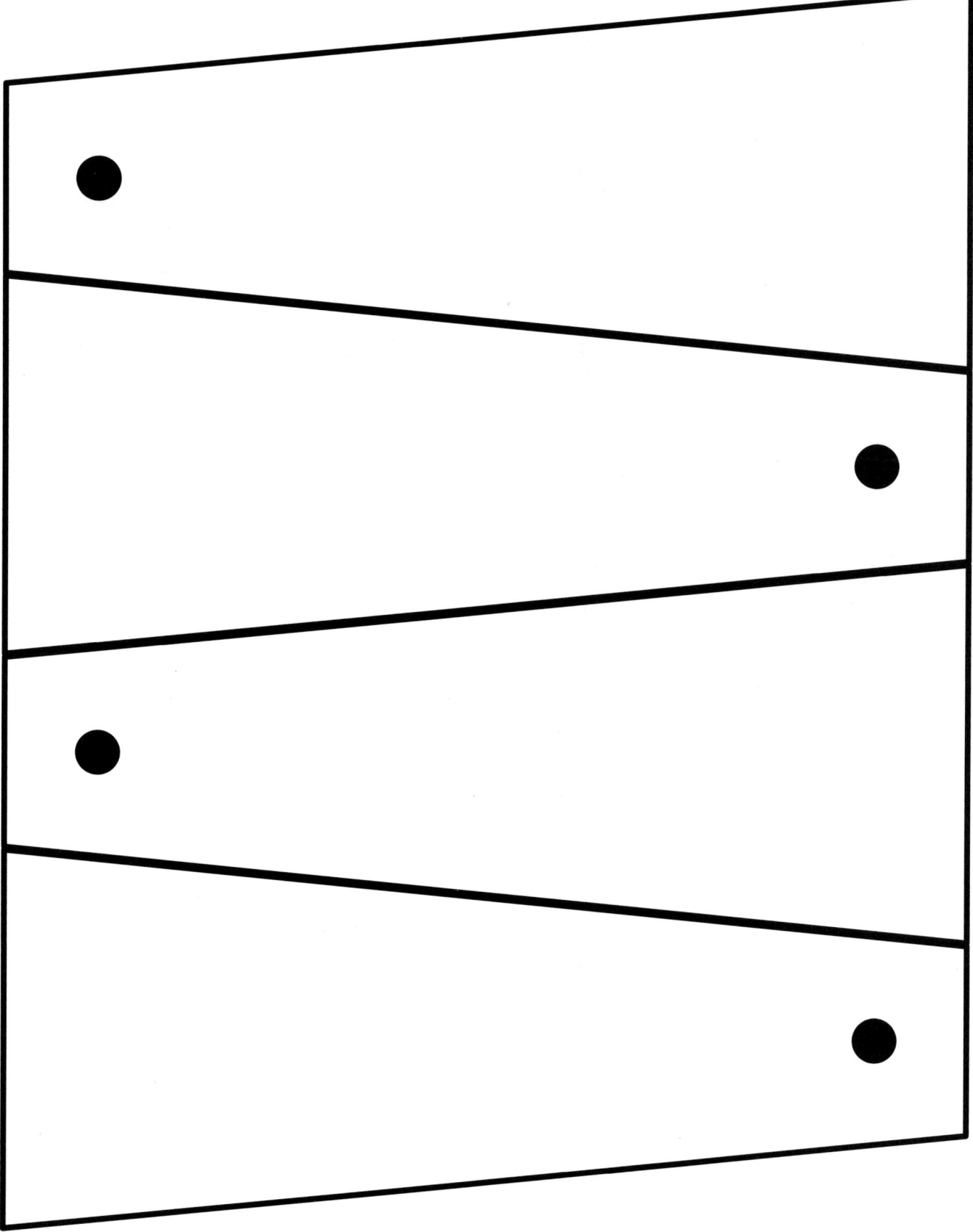

A. Bach / U. Tilsner: Globales Lernen im Deutschunterricht 8–10
© Auer Verlag

 *Vegetarische Ernährung*

 **Erkennen**

Infotext: Was ist vegetarisch?

Menschen, die sich vegetarisch ernähren, essen keinen Fisch, kein
Fleisch sowie sich daraus ergebende weitere Produkte (z. B. Wurst).
Generell ist es kein Problem, sich
vegetarisch zu ernähren. Allerdings
ist es notwendig, sich im Vorfeld
sehr genau mit den Merkmalen der
vegetarischen Ernährung zu befas-
sen. Dadurch, dass Vegetarier keine
Tiere essen, müssen sie ihren Ei-
weißbedarf durch pflanzliche Produkte (z. B. Nüsse, Soja, Getreide) in
ausreichender Menge decken. Be-

© Yantra – Fotolia.com

stimmte Nährstoffe wie Zink und Eisen, die im Fleisch enthalten sind, müssen bei ihnen anderwei-
tig ausgeglichen werden. Das Fehlen dieser Nährstoffe kann zu unterschiedlichen Symptomen
führen (Kopfschmerzen, Müdigkeit, Gewichtszunahme u. a.). Allerdings ist bei einer vegetarischen,
ballaststoffreichen Ernährung das Risiko einer „Verstopfung" und daraus resultierenden Folgeerkrankungen stark vermindert. Ebenso tritt bei Vegetariern seltener hoher Blutdruck auf. Wer seine
Ernährung umstellen will, sollte sich vorher genau über die entsprechenden pflanzlichen Lebensmittel und deren sinnvolle Kombination informieren, damit es nicht zu Mangelerscheinungen
kommt.

Aufgabe 1

a) Fasse den Infotext „Was ist vegetarisch?" in Stichpunkten zusammen.

b) Stelle die im Text genannten Vor- und Nachteile einer vegetarischen Ernährung in einer Tabelle
   einander gegenüber.

 Bewerten

Aufgabe 2

Informiere dich im Internet noch weiter über das Thema „Vegetarische Ernährung". Schreibe anschließend eine Glosse zum Thema „Vegetarische Ernährung: Eine Lösung zur Bekämpfung des
Welthungers?". Eine Glosse ist ein kurzer, subjektiv geschriebener Meinungsartikel mit einer spit-
zen Argumentation.

 Handeln

Aufgabe 3

Organisiert in eurer Klasse ein vegetarisches Frühstück, bei dem ihr kein Fleisch, keine Wurst und
keinen Fisch esst.

A. Bach/U. Tilsner: Globales Lernen im Deutschunterricht 8–10
© Auer Verlag

Didaktisch-methodische Überlegungen

Kompetenzen der Unterrichtseinheit

(K) Rede- und Gesprächskompetenz, Schreibkompetenz

Rede- und Gesprächskompetenz

Die Schüler*innen können …

- auf Gesprächsbeiträge anderer mittels relevanter Begründungen und Erklärungen eingehen.
- die Meinungen und Gefühle anderer berücksichtigen.
- über eigene und andere Standpunkte sachlich, begründet und nachvollziehbar diskutieren.

Schreibkompetenz

Die Schüler*innen können …

- Texte mithilfe von sprachlichen Mitteln sowie Mitteln der Satzverknüpfung inhaltlich, sprachlich und stilistisch stimmig gestalten.
- sich sprachlich angemessen ausdrücken.

 AB Gesundheit und Wohlbefinden für mich

Stundenziele

1. Die Schüler*innen definieren für sich die Begriffe „Gesundheit" und „Wohlbefinden".
2. Die Schüler*innen vergleichen die Aussagen eines Texts mit ihren eigenen Überlegungen.
3. Die Schüler*innen verfassen einen Beitrag zum Thema „Was versteht man unter Gesundheit und Wohlbefinden?"

Erwartungshorizont

Aufgabe 1

Um gesund zu sein und sich wohl zu fühlen bedarf es verschiedener Komponenten. Die Wahrnehmung beider „Zustände" ist vom jeweiligen Individuum abhängig.

Die Schüler*innen werden die Begriffe daher auch unterschiedlich interpretieren. Während für eine*n Lernende*n Gesundheit ausschließlich mit körperlicher Unversehrtheit verbunden ist, wird ein*e andere*r darunter vielleicht auch den Aspekt der psychischen Gesundheit sehen. Wohlbefinden wird für die meisten Schüler*innen vermutlich schwierig zu beschreiben sein, da ihnen der Begriff weniger geläufig ist.

Aufgabe 2

Die im Text angegebenen Begriffe Handlungsfähigkeit, Ich-Erleben, Sicherheit und Geborgenheit haben die Lernenden bei ihren eigenen Überlegungen wahrscheinlich eher nicht mit dem Begriff „Wohlbefinden" in Verbindung gebracht.

Weiterarbeit

Mögliche Fragen für eine weiterführende Diskussion: Was hat dich beim Thema Gesundheit und Wohlbefinden am meisten überrascht? Glaubst du, dass Wohlbefinden auch in der Schule möglich ist? Falls ja, wie?

 AB Wohlbefinden in der Schule

Stundenziele

1. Die Schüler*innen beantworten für sich einen Fragebogen.

A. Bach/U. Tilsner: Globales Lernen im Deutschunterricht 8–10
© Auer Verlag

2. Die Schüler*innen fassen die wesentliche Aussage eines Texts zusammen und setzen ein Säulendiagramm in Bezug dazu.

3. Die Schüler*innen verfassen anhand eigener Erfahrungen einen Text zum Thema „Wohlbefinden in der Schule".

Vorbereitungen

Um dieses Thema im Unterricht zu behandeln, ist es wichtig, dass die Lehrkraft die Klasse außerordentlich gut kennt und eine Vertrauensbasis vorhanden ist.

Erwartungshorizont

Aufgabe 1

Die Beantwortung des Fragebogens wird voraussichtlich relativ unterschiedlich ausfallen und ist abhängig von den Erfahrungen, die die Lernenden bisher in der Schule gemacht haben. Da die Angaben ziemlich persönlich sind, empfiehlt es sich, den Fragebogen nicht in der ganzen Klasse zu besprechen.

Aufgabe 2a

Bei dem Begriff „Schule" denkt man nicht sofort an „Wohlbefinden", sondern an Stress, Auseinandersetzung mit Lehrkräften und Notendruck. Schulstress führt zu den im Säulendiagramm aufgeführten Auswirkungen wie Müdigkeit, Kopfschmerzen, Schlaflosigkeit etc. Moderne Schulen versuchen dieses Image zu korrigieren, indem sie die Schule zu einem „Lebens- und Lernort" gestalten. Das Wohlbefinden der Lernenden liegt modernen Pädagog*innen am Herzen, da die Notwendigkeit, den Bedürfnissen der Schüler*innen nachzukommen, erkannt wurde. Moderner Unterricht nimmt die Stärken der Lernenden und nicht deren Schwächen in den Blick.

Aufgabe 3

Sollte es Schüler*innen geben, denen keine Situation einfällt, in der sie sich in der Schule besonders wohl gefühlt haben, können diese Schüler*innen auch einen Aufsatz darüber schreiben, was passieren müsste, damit sie sich wohl fühlen würden.

AB Achtsamkeit

Stundenziele

1. Die Schüler*innen fassen den Inhalt zweier Texte und einer Grafik in eigenen Worten zusammen.

2. Die Schüler*innen verfassen unter Bezugnahme der vorhandenen Materialien einen Aufsatz zum Thema „Warum sollte Achtsamkeit in unser Leben gehören?"

Erwartungshorizont

Aufgabe 1

Der Begriff Achtsamkeit wird vielen Lernenden möglicherweise nicht geläufig sein. Dementsprechend kann es beim Verständnis der Texte zu Unklarheiten kommen. Im oberen Text geht es um einen Zen-Meister, der seinen Schüler*innen erklärt, warum er glücklich und zufrieden ist. Er erklärt ihnen, dass er bei dem, was er tut, wirklich bei der Sache ist. Seine Schüler*innen dagegen sind gedanklich immer schon bei der nächsten Aufgabe. Der zweite Text definiert Achtsamkeit als höchste Aufmerksamkeit gegenüber sich selbst und seiner Umwelt. Der Mensch soll demnach im Hier und Jetzt leben und eine Einheit mit seiner Umwelt bilden.

Aufgabe 2

In der Grafik sind verschiedene Begriffe zu einem Baum angeordnet. Den Lernenden sollte deutlich werden, dass die Begriffe in gewisser Weise mit den beiden vorherigen Texten in einem Zusammenhang stehen.

Weiterarbeit

Am Ende der „Achtsamkeits-Woche" sollte über die gemachten Erfahrungen in der Klasse gesprochen werden. Mögliche Fragen für eine weiterführende Diskussion: Wie fandest du das Experiment? Hat

A. Bach/U. Tilsner: Globales Lernen im Deutschunterricht 8–10
© Auer Verlag

dein*e Mitschüler*in bemerkt, dass du ihn*sie ausgewählt hattest? Wenn ja, woran konnte er*sie es erkennen? Hast du auch gemerkt, wer dir gegenüber besonders achtsam war?

 ## AB Erdbeben und ihre Folgen

Stundenziele

1. Die Schüler*innen vergleichen die beiden Erdbeben von Haiti und Neuseeland sowie deren Folgen miteinander.
2. Die Schüler*innen recherchieren im Internet über die heutige Situation der beiden Länder.
3. Die Schüler*innen schreiben einen Brief an eine*n Betroffene*n.
4. Die Schüler*innen bereiten ein Interview mit einem*einer regionalen Politiker*in vor.

Vorbereitungen

Für die Recherche in *Aufgabe 3* ist es notwendig, dass alle Lernenden einen Zugang zum Internet haben.

Erwartungshorizont

Aufgabe 2a

Die Erdbebenstärke war auf Haiti etwas höher als in Neuseeland. Auch die Todesrate lag auf Haiti mit mindestens 220 000 Toten um ein Vielfaches höher als in Neuseeland (185 Tote). Der durch das Erdbeben entstandene Sachschaden wurde auf Haiti, einem Entwicklungsland mit wenig Industrie, auf ca. 8,4 Milliarden US-Dollar geschätzt. In Neuseeland lag der Sachschaden mit ca. 24 Milliarden US-Dollar deutlich höher. Doch die Folgen des Erdbebens waren auf Haiti im Vergleich zu Neuseeland erheblich schlimmer. Durch die schlechte Infrastruktur des Landes konnten Hilfskräfte nicht rechtzeitig vor Ort sein. Die Häuser dort waren nicht erdbebensicher gebaut und durch die mangelnde medizinische Versorgung sowie Überschwemmungen kam es nach dem Beben zu Seuchen. Zudem kamen Hilfsmittel und Spenden durch die unsichere politische Situation des Landes und die damit verbundene Korruption nicht an den entsprechenden Stellen an.

Aufgabe 2b

Bei dem Erdbeben auf Haiti mit der Stärke 7 handelt es sich sowohl um eine Naturkatastrophe als auch um eine humanitäre Katastrophe, denn die Menschen dort haben noch heute unter den Folgen des Bebens zu leiden.

Aufgabe 3

Mögliche Internetlinks für die Recherche:

Haiti: https://routestofinance.com/haiti-earthquake-facts-damage-effects-on-economy
https://amerika21.de/2020/09/243164/gewaltwelle-hauptstadt-haiti
https://www.tagesschau.de/ausland/haiti-erdbeben-105.html
Neuseeland: https://www.welt.de/reise/staedtereisen/article117668694/Christchurch-heute-zwei-Jahre-nach-dem-Erdbeben.html

Neuseeland hat das Erdbeben wirtschaftlich und humanitär schnell verkraftet. Die Stadt Christchurch wurde wiederaufgebaut.

Auf Haiti sind auch heute noch 140 000 Haushalte ohne Obdach. Die Menschen dort leben unter menschenunwürdigen Bedingungen. Dadurch entwickeln sich teilweise Straßenbanden, durch die es zu Straßenkämpfen mit der bewaffneten Miliz kommt. Durch weitere Naturkatastrophen (Hurrikans, Überschwemmungen) hat sich die Situation auf Haiti noch nicht wesentlich verbessert.

Aufgabe 5

Mögliche Fragen für ein Interview mit einem*einer Politiker*in: Was verstehen Sie konkret unter humanitärer Hilfe? Leistet Ihre Partei humanitäre Hilfe und falls ja, wie? Was denken Sie über die aktuelle Situation auf Haiti? Mit welchen Hilfsaktionen könnte Ihre Partei die Menschen dort unterstützen?

A. Bach / U. Tilsner: Globales Lernen im Deutschunterricht 8–10
© Auer Verlag

AB Kinderarbeit

Stundenziele

1. Die Schüler*innen nehmen die Rolle eines anderen Kindes ein und beschreiben, wie sie sich dabei fühlen.

2. Die Schüler*innen verfassen einen Aufsatz zum Thema „Sollte Kinderarbeit grundsätzlich verboten werden?"

3. Die Schüler*innen drehen ein Lernvideo zum Thema Kinderarbeit.

Vorbereitungen

Für *Aufgabe 1* müssen die „Rollenkarten" in ausreichender Zahl vorab kopiert und auseinandergeschnitten werden, sodass jeder Lernende eine Rollenkarte erhält. Sind in der Klasse mehr Mitglieder als Rollenkarten, so sind Rollen doppelt zu vergeben. Damit sich die Lernenden für das Rollenspiel problemlos nebeneinander aufstellen können, bietet es sich an, einen größeren Raum oder den Schulhof aufzusuchen. Für den Dreh der Lernvideos in *Aufgabe 3* müssen Smartphones an der Schule erlaubt sein.

Ablauf *(Aufgabe 1)*

Alle Lernenden erhalten verdeckt eine Rollenkarte, die sie sich genau durchlesen. Die Schüler*innen stellen sich schließlich nebeneinander in einer Reihe auf, sodass genug Platz ist, um schrittweise nach vorne zur gegenüberliegenden Seite zu gehen. Die Länge der einzelnen Schritte sollte in etwa gleich sein und im Vorfeld festgelegt werden. Die Lehrkraft liest nun die folgenden Aussagen der Reihe nach laut und langsam vor. Alle Klassenmitglieder, die der Meinung sind, dass der vorgelesene Satz auf sie bzw. ihre Rolle zutrifft, gehen einen Schritt nach vorne, alle anderen bleiben stehen. Dies wird so lange wiederholt, bis alle Aussagen vorgelesen wurden.

Aussagen *(Aufgabe 1)*

Gehe einen Schritt nach vorne, wenn...

1. du jeden Tag in die Schule gehen kannst.

2. du sicher sein kannst, am nächsten Tag satt zu werden.

3. deine Eltern für dich sorgen können.

4. du nicht geschlagen wirst.

5. du dir Taschengeld verdienen kannst, mit dem du dir kleine Wünsche erfüllst.

6. du am Wochenende ausschlafen kannst.

7. du deinen 30. Geburtstag wahrscheinlich erleben wirst.

8. sich jemand um dein Wohlbefinden kümmert.

9. du dir später deinen Beruf aussuchen kannst.

10. du später einmal eine Universität besuchen kannst.

11. du einem Hobby nachgehen kannst.

12. du ausreichend Schlaf bekommst.

Weiterarbeit

Mögliche Fragen für eine weiterführende Diskussion: Wer warst du beim Rollenspiel? Wie ist es dir mit deiner Rolle ergangen? Wie hat es sich angefühlt, voranzukommen oder stehen zu bleiben? Was hat dich überrascht? Welche Frage war schwer zu beantworten? Wie fühlst du dich auf deiner Position im Verhältnis zu den anderen? Fühlst du dich wie ein*e Gewinner*in oder Verlierer*in? Warum? Welche Themen wurden in den Rollen angesprochen?

A. Bach / U. Tilsner: Globales Lernen im Deutschunterricht 8 – 10
© Auer Verlag

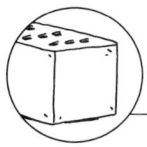 *Gesundheit und Wohlbefinden für mich*

 **Erkennen**

Aufgabe 1

Schreibe in der Tabelle stichpunktartig auf, was du persönlich mit den Begriffen „Gesundheit" und „Wohlbefinden" verbindest.

Gesundheit	Wohlbefinden

 Bewerten

Aufgabe 2

Lies den Infotext „Gesundheit und Wohlbefinden". Vergleiche den Text mit deinen eigenen Überlegungen aus *Aufgabe 1* und tausche dich anschließend mit deinem Partner darüber aus.

Infotext: Gesundheit und Wohlbefinden

Laut der World Health Organisation (WHO) ist Gesundheit ein Zustand des vollständigen körperlichen, geistigen und sozialen Wohlergehens und nicht nur das Fehlen von Krankheit. Das eigene Wohlergehen setzt sich demnach aus verschiedenen Faktoren zusammen. Diese sind körperlicher, seelisch-geistiger und materieller Art. Gesundheit wird heute als Prozess verstanden, der niemals statisch ist. Das bedeutet, dass ein Mensch niemals vollständig krank oder gesund ist. Einfluss auf die Gesundheit haben neben Ernährung und Bewegung auch soziale Prozesse innerhalb der Familie und Gesellschaft.

Für eine in Australien in den 2000er Jahren durchgeführte Forschungsarbeit wurden mehrere Kinder im Alter von 8–15 Jahren dazu befragt, was für sie Wohlbefinden bedeutet. Bei der Befragung wurde festgestellt, dass den Kindern v. a. Handlungsfähigkeit, Ich-Erleben, Sicherheit und Geborgenheit wichtig sind. Handlungsfähigkeit bedeutet, dass Kinder in ihrem eigenen Leben etwas zu sagen haben, ihre Meinung vertreten und selbstständig Entscheidungen treffen möchten.

 Handeln

Aufgabe 3

Schreibe einen Beitrag für eure Schulhomepage zu der Frage „Was versteht man unter Gesundheit und Wohlbefinden?" Nimm dabei neben deinen eigenen Überlegungen auch Bezug auf den obigen Infotext.

A. Bach / U. Tilsner: Globales Lernen im Deutschunterricht 8–10
© Auer Verlag

Erkennen

Aufgabe 1

Beantworte für dich den folgenden Fragebogen.

	Trifft voll zu	Trifft zu	Neutral	Trifft nicht zu	Trifft gar nicht zu
Ich komme mit meinen Lehrern in der Schule gut aus.	☐	☐	☐	☐	☐
Ich habe das Gefühl, dass ich von meinen Lehrern verstanden werde.	☐	☐	☐	☐	☐
Ich fühle mich von meinen Lehrern fair behandelt.	☐	☐	☐	☐	☐
Ich komme gut mit meinen Mitschülern klar.	☐	☐	☐	☐	☐
Gute Noten sind für mein Wohlbefinden wichtig.	☐	☐	☐	☐	☐
Schule ist für mich ein Ort an dem „nur" gelernt wird.	☐	☐	☐	☐	☐
Schule hat für mich auch einen anderen Sinn.	☐	☐	☐	☐	☐

Wer ist für dich in der Schule besonders wichtig?

Wenn du Probleme in der Schule hast, an wen wendest du dich?

Bewerten

Aufgabe 2

a) Fasse die wesentliche Aussage des Infotexts „Schulisches Wohlbefinden" auf dem folgenden Arbeitsblatt zusammen und setze das dazugehörige Säulendiagramm in Bezug dazu.

b) Vergleiche deine Ergebnisse aus *Aufgabe 2a* mit deinen Angaben im Fragebogen.

Handeln

Aufgabe 3

a) Schreibe einen Text über eine Situation in der Schule, in der du dich besonders wohl gefühlt hast.

b) Sammelt eure Texte und bindet sie zu einem Buch mit dem Thema „Wohlbefinden in der Schule".

A. Bach/U. Tilsner: Globales Lernen im Deutschunterricht 8–10
© Auer Verlag

Infotext: Schulisches Wohlbefinden

Wohlbefinden in der Schule – ein Widerspruch in sich? Wenn man an Schule denkt, kommen einem oft Dinge wie schwere Klassenarbeiten, ungerechte und unbeliebte Lehrkräfte, schlechte Noten und ein Schulgebäude, welches man schnell wieder verlassen möchte, in den Sinn. Es gibt jedoch aktuelle Bestrebungen, die Schule zu einem Lern- aber auch Lebensort zu machen, in dem der Schüler im Mittelpunkt stehen soll. Dies geschieht an manchen Schulen durch eine andere Rhythmisierung des Unterrichts, durch die Hinzunahme von außerschulischen Lernorten und Partnern aus den verschiedensten außerschulischen Bereichen. Wohlbefinden in der Schule ist nicht eine Form der „Kuschelpädagogik", sondern es geht darum, dass die Unterrichtsgestaltung den individuellen Bedürfnissen der Schüler angepasst werden muss. Bisher hat sich der analytische Blick der Lehrkraft auf die Kompetenzen und Leistungen, auf die Noten und die Arbeitsdisziplin der Schüler gerichtet. Um ein Gefühl des Wohlbefindens zu erreichen, ist es jedoch notwendig, dass sich die Beziehung zwischen Schüler und Lehrkraft verändert. Der zwischenmenschliche Umgang miteinander muss partnerschaftlicher werden und der Lernende in seiner Besonderheit wahrgenommen und angesprochen werden. Dies führt schließlich dazu, dass der Unterricht nicht mehr „defizitorientiert", sondern „ressourcenorientiert" ist – Stärken werden hervorgehoben und Schwächen nicht mehr betont.

Quelle: Zusammenfassung: Empirische Studie 2019 Björn Serke – Schulisches Wohlbefinden in inklusiven und exklusiven Schulmodellen

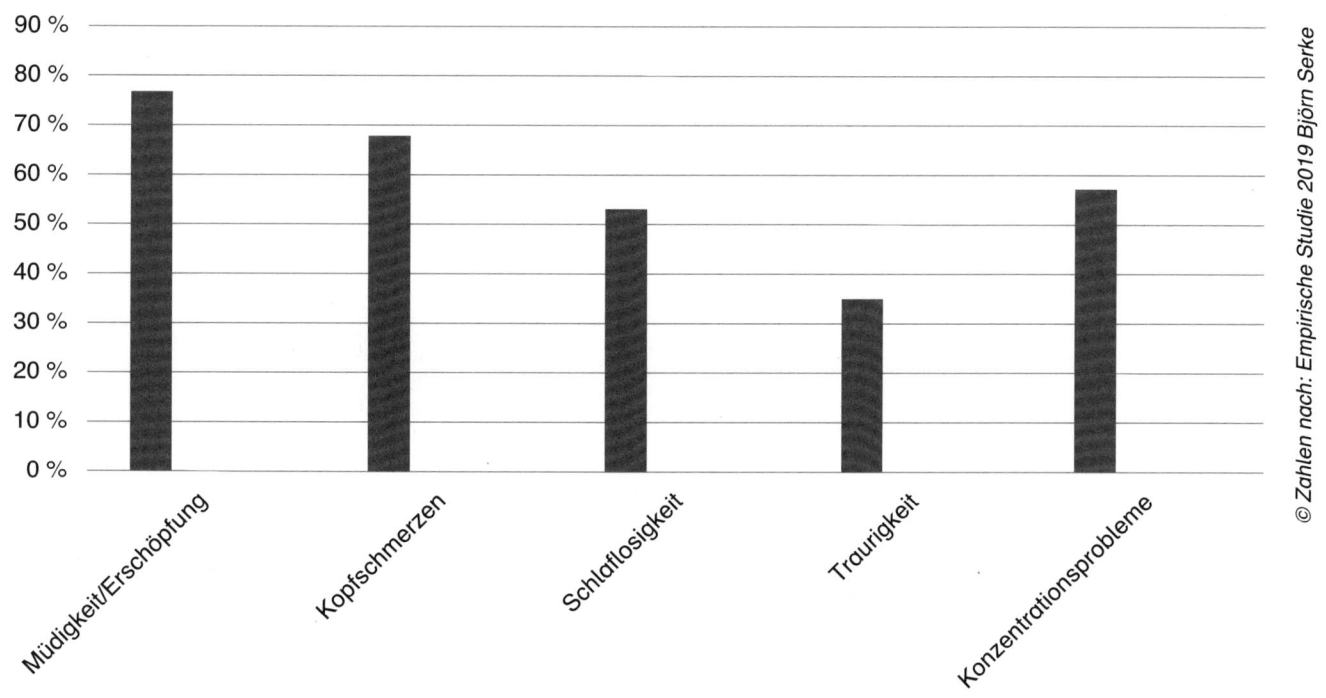

Säulendiagramm: Auswirkungen von Schulstress (in %)

A. Bach/U. Tilsner: Globales Lernen im Deutschunterricht 8–10
© Auer Verlag

© Zahlen nach: Empirische Studie 2019 Björn Serke

Achtsamkeit

Erkennen

Aufgabe 1

Lies die beiden folgenden Texte in Ruhe durch. Fasse deren Inhalt anschließend in eigenen Worten zusammen.

Einige Schüler fragten ihren Zen-Meister, warum er so zufrieden und glücklich ist. Der Zen-Meister antwortete:

„Wenn ich stehe, dann stehe ich,
wenn ich gehe, dann gehe ich,
wenn ich sitze, dann sitze ich,
wenn ich esse, dann esse ich,
wenn ich liebe, dann liebe ich …"

„Das tun wir auch", antworteten seine Schüler, „aber was machst du darüber hinaus?" fragten sie erneut.

Der Meister erwiderte:
„Wenn ich stehe, dann stehe ich,
wenn ich gehe, dann gehe ich,
wenn ich … "

Wieder sagten seine Schüler:
„Aber das tun wir doch auch Meister!"

Er aber sagte zu seinen Schülern:
„Nein – wenn ihr sitzt, dann steht ihr schon, wenn ihr steht, dann lauft ihr schon, wenn ihr lauft, dann seid ihr schon am Ziel."

Quelle: Chinesische Weisheit

© JenkoAtaman – stock.adobe.com

Infotext: Worte der Achtsamkeit

Im Zentrum der Lehre Thich Nhat Hanhs steht das, was er „Achtsamkeit" nennt. Achtsamkeit, das ist die höchste Aufmerksamkeit gegenüber uns selbst und unserer Umwelt. Achtsamkeit ist ein Sein im Hier und Jetzt, ein intensives Leben im und für den Moment. Achtsamkeit führt uns aus den Ablenkungen unseres von Schnelligkeit und Zerstreuung geprägten Alltags hinaus zu der Erkenntnis, dass wir und unsere Umwelt nicht getrennt sind, sondern dass wir eine Einheit bilden. Sie zeigt uns, dass vermeintliche Gegensätze zueinander gehören – kein Lotus ohne Schlamm.

Quelle: Worte der Achtsamkeit: Texte von Thich Nhat Hanh, Verlag Herder

A. Bach / U. Tilsner: Globales Lernen im Deutschunterricht 8–10
© Auer Verlag

 *Achtsamkeit*

 **Erkennen**

Aufgabe 2

Beschreibe die folgende Grafik.

© eigene Grafik

 Bewerten

Aufgabe 3

Warum sollte Achtsamkeit in unser Leben gehören? Schreibe dazu einen Aufsatz. Nimm dabei neben möglichen eigenen Erfahrungen mit Achtsamkeit auch Bezug zu den beiden Texten auf dem vorherigen Arbeitsblatt und der obigen Grafik.

 Handeln

Aufgabe 4

Suche dir einen Mitschüler, dem du eine Woche lang besonders achtsam begegnest – ohne dass er davon weiß.

A. Bach/U. Tilsner: Globales Lernen im Deutschunterricht 8–10
© Auer Verlag

 *Erdbeben und ihre Folgen*

Erkennen

Aufgabe 1

Lies dir den Inhalt der beiden folgenden Tabellen sowie den Infotext „Erdbeben auf Haiti" auf dem zweiten Arbeitsblatt durch.

Haiti, 12. Januar 2010	
Erdbebenstärke	7
Einwohnerzahl	ca. 10 Millionen
Sachschaden	ca. 8 Mrd. US-Dollar
Opfer	• 300 000 Tote • 300 000 Verletzte • 1,2 Millionen Menschen obdachlos
Situation 12 Monate nach dem Beben	• 1 Million Menschen leben in Zeltstädten. • Hilfslieferungen kommen nur schleppend an. • Es ist kaum Wiederaufbau festzustellen. • In den Straßen liegen die Trümmer zerstörter Gebäude. • Bestechliche Beamte verhindern den Wiederaufbau. • 9 Monate nach dem Beben brach eine Cholera-Epidemie aus. • Es besteht eine unsichere politische Situation.

Neuseeland, 22. Februar 2011	
Erdbebenstärke	6,2
Einwohnerzahl	ca. 4 Millionen
Sachschaden	ca. 24 Mrd. US-Dollar
Opfer	• 185 Tote • 5 900 Verletzte • 100 000 Menschen obdachlos
Situation 12 Monate nach dem Beben	• Der Wiederaufbau von Verkehrswegen und Gebäuden ist fast abgeschlossen. • Gebäude werden nach den neuesten Standards der Erdbebensicherheit errichtet. • Infrastruktur ist zügig wiederhergestellt worden. • Prozesse zur Versicherungsabwicklung sind in Gang. • Das Zentrum der Stadt Christchurch ist nach wie vor abgeriegelt.

A. Bach / U. Tilsner: Globales Lernen im Deutschunterricht 8–10
© Auer Verlag

Infotext: Erdbeben auf Haiti

Von dem Beben der Stärke 7 war die Hauptstadt Port-au-Prince am stärksten betroffen. Die zumeist einfach gebauten Häuser im Zentrum der Stadt wurden nahezu komplett zerstört. Durch den Einbruch der Dunkelheit eine Stunde nach dem Beben und den Zusammenbruch des Strom- und Telefonnetzes konnten die Hilfsmaßnahmen nicht koordiniert werden. Das hatte zur Folge, dass verschüttete Personen nicht schnell genug gefunden werden konnten.

Da es auf Haiti keinen Katastrophenschutz gibt, waren die Einwohner auf sich gestellt, bis internationale Hilfe eintreffen konnte. Doch auch diese konnte aufgrund der schlechten Infrastruktur nicht schnell genug vor Ort sein. Krankenhäuser waren eingestürzt, Medikamente nicht ausreichend vorhanden und die Straßen zu den Verletzten häufig unpassierbar. Durch starke Unwetter im Anschluss an das Beben und daraus entstandene Überschwemmungen kam es zu einer Cholera-Epidemie, der weitere 8 000 Menschen zum Opfer fielen.

Die Bestechlichkeit der Beamten verhinderte außerdem, dass Hilfsgüter und Gelder an die dafür vorgesehenen Stellen kamen. Durch die chaotischen Verhältnisse wurden die meisten der Opfer nicht identifiziert oder erfasst. Daher ist lediglich eine Schätzung der Opferzahlen möglich. Die Hilfsorganisationen geben hier unterschiedliche Zahlen zwischen 220 000 und 500 000 Todesopfern an.

 Bewerten

Aufgabe 2

a) Vergleiche die beiden Erdbeben von Haiti und Neuseeland sowie deren Folgen miteinander. Mache dir dazu Notizen.

b) Diskutiert in der Klasse, ob es sich bei dem Erdbeben auf Haiti um eine Naturkatastrophe oder um eine humanitäre Katastrophe handelt.

Aufgabe 3

Recherchiert in Kleingruppen im Internet die Situation der beiden Länder heute und stellt eure Ergebnisse in der Klasse vor.

 Handeln

Aufgabe 4

Schreibe einen Brief aus der Sicht eines Betroffenen (damals oder heute) an einen jeweils anderen Betroffenen, in dem du deine Situation vor Ort schilderst und wie es dir damit geht.

Aufgabe 5

Bereitet ein Interview mit einem regionalen Politiker vor, in welchem ihr über die aktuelle Situation auf Haiti und über Hilfsaktionen für die Menschen dort sprecht.

A. Bach/U. Tilsner: Globales Lernen im Deutschunterricht 8–10
© Auer Verlag

 *Kinderarbeit*

 Erkennen

Aufgabe 1

Rollenspiel: Einen Schritt vor

a) Lies die dir zugeteilte Rollenkarte genau durch und versetze dich in die Lage des jeweiligen Kindes. Du kannst dir auch noch weitere Details zu deiner Rolle ausdenken.

b) Führt das Rollenspiel in der Klasse durch und sprecht anschließend über eure Gefühle während der Durchführung.

Infotext: Kinderarbeit – was ist das?

Bei der Definition von Kinderarbeit wird unterschieden zwischen der legalen Beschäftigung von Kindern und Jugendlichen und der ausbeuterischen Arbeit von Kindern. Legale Arbeit von Kindern besteht z. B. in der Hilfe im Haushalt, im Zeitungen austragen oder auch im Babysitten.

Die ausbeuterische Kinderarbeit definiert sich hingegen als Arbeit, die die seelische und körperliche Entwicklung eines Kindes schädigt. Darunter fallen z. B. schwere Arbeiten in Steinbrüchen, das Tragen schwerer Lasten, Textilarbeit (Bangladesch), die Arbeit in Goldminen (Burkina Faso) oder auf Kakaoplantagen (Elfenbeinküste). Die Kinder schuften unter gefährlichen Arbeitsbedingungen, da in der Regel keine Schutzmaßnahmen beachtet werden. Sie müssen unter extremen Bedingungen arbeiten und werden so ihrer elementaren Rechte beraubt.

Weltweit ist jedes zehnte Kind im Alter von 5–17 Jahren von Kinderarbeit betroffen. Zur schlimmsten Form der Kinderarbeit zählt die Zwangsarbeit (z. B. Einsatz als Kindersoldaten, Missbrauch der Kinder als Drogenkuriere, Kinderpornographie). Dies sind Verbrechen an unschuldigen Kindern. Inzwischen haben sich fast alle Staaten darauf geeinigt, dass ausbeuterische Kinderarbeit bis zum Jahr 2025 vollständig abzuschaffen ist.

© Digitalpress – Fotolia.com

 Bewerten

Aufgabe 2

Schreibe einen Aufsatz zum Thema „Sollte Kinderarbeit grundsätzlich verboten werden?" Nimm dabei Bezug zum obigen Infotext sowie auf deine im Rollenspiel gemachten Erfahrungen.

 Handeln

Aufgabe 3

Dreht in Kleingruppen ein Lernvideo zum Thema Kinderarbeit. Spielt euch eure Videos anschließend gegenseitig in der Klasse vor.

A. Bach/U. Tilsner: Globales Lernen im Deutschunterricht 8–10
© Auer Verlag

Rollenkarten *zu Aufgabe 1*

Yeukai (12 Jahre) lebt in Burkina Faso. Ihr Vater ist an Aids gestorben. Ihre Familie, dazu gehören ihre Mutter und ihre vier jüngeren Geschwister, baut Mais und Hirse an, um zu überleben. Das Schulgeld kann sich die Familie nicht leisten.

Marie (11 Jahre) lebt in Deutschland mit ihren Eltern und ihrer großen Schwester in einem großen Haus am Stadtrand. Marie geht gerne zum Ballett, reitet und lernt Geige.

Leon (12 Jahre) lebt in Deutschland. Er besucht die 6. Klasse eines Gymnasiums. In seiner Freizeit spielt er gerne Fußball mit seinen Freunden oder geht schwimmen.

Hari (11 Jahre) lebt in Brasilien und wurde vor vier Jahren von seinen Eltern an einen Plantagenbesitzer gegeben, um ihn vor dem Verhungern zu retten. Nun pflückt er 10 Stunden am Tag Kakaobohnen.

Weisi (15 Jahre) lebt in China. Sie arbeitet von 8 Uhr bis 23.30 Uhr in einer Kunststofffabrik, die Kinderspielzeug herstellt. Die Arbeitszeit ist deshalb so lang, weil Weisi noch langsam ist. Sie hat erst vor zwei Monaten mit der Arbeit begonnen. Ihren Verdienst kennt sie noch nicht.

Haili (14 Jahre) lebt in China. Er geht zur Schule und lernt täglich mehrere Stunden, um seinen Eltern keine Schande zu machen. Ein sehr guter Abschluss ist für ihn und seine Familie von großer Bedeutung.

Ridoy (12 Jahre) lebt in Bangladesch. Er arbeitet 12 Stunden täglich in einer Lederfabrik. Bis vor zwei Jahren konnte er zur Schule gehen, aber dann brauchte seine Familie Geld und er begann zu arbeiten.

Jay (13 Jahre) lebt auf den Philippinen. Er arbeitet zusammen mit seinem Bruder in einer der vielen kleinen Goldminen. Er arbeitet in 50 m Tiefe und hat oft Angst, dass der Tunnel einstürzt.

Sunil (9 Jahre) lebt in Indien und arbeitet seit seinem 6. Lebensjahr in einer Teppichknüpferei. Seine Eltern konnten ihn und seine Geschwister nicht mehr ernähren. Nun muss er für sich selbst sorgen.

Malia (13 Jahre) lebt in Lesotho. Ihre Eltern sind beide gestorben. Nun muss sie für sich und ihren jüngeren Bruder sorgen.

Juan (14 Jahre) lebt in Guatemala. Er arbeitet seit vier Jahren in einem Steinbruch. Seit zwei Jahren kann er am Nachmittag zur Schule gehen, die eine Hilfsorganisation für arbeitende Kinder in seiner Heimatstadt eingerichtet hat. Noch ein Jahr, dann kann er in das Berufsbildungszentrum und einen Beruf seiner Wahl erlernen. Dann kann er seine Familie viel besser unterstützen, als wenn er immer im Steinbruch geblieben wäre.

A. Bach/U. Tilsner: Globales Lernen im Deutschunterricht 8–10
© Auer Verlag

Magdalena (8 Jahre) lebt in Guatemala. Sie arbeitet seit zwei Jahren in einem Steinbruch. Dort zerschlägt sie die Steine in kleinere Stücke. Sie steht um 6 Uhr auf und arbeitet bis um 17 Uhr. Sie arbeitet gern, weil sie dadurch ihre Familie unterstützen kann.

Sascha (12 Jahre) lebt in Deutschland. Er wohnt mit seiner Mutter zusammen. Seine Mutter arbeitet ab morgens um 5 Uhr als Putzfrau und kommt oft erst spät wieder nach Hause. Sascha bleibt daher bis zum Ende der Betreuungszeit am Nachmittag in der Schule und geht dann direkt nach Hause, um noch ein bisschen im Haushalt zu helfen.

Shan (12 Jahre) lebt in Pakistan und arbeitet seit zwei Jahren in einer Kohlemine, die 1000 m unter der Erde liegt. Er bringt mit einem Esel die gewonnene Kohle an die Erdoberfläche. Obwohl er durch den vielen Staub schon Probleme beim Atmen hat, hat er keine andere Wahl, denn seine Familie ist arm und braucht das Geld, das er verdient, zum Überleben.

Matthias (13 Jahre) lebt in Österreich. Er ist ein begeisterter Mountainbike-Fahrer und verbringt gemeinsam mit seinem Vater fast seine gesamte Freizeit auf Trails. Im Winter geht seine Familie gerne Ski- und Snowboardfahren.

Justin (11 Jahre) lebt in Deutschland. Seine Familie lebt von Hartz 4. Urlaub kennt er nicht. Wenn das Geld mal wieder ganz knapp wird, gibt er die selbst gesparten Euros seinen Eltern, um Lebensmittel kaufen zu können.

Dominique (13 Jahre) lebt in Sambia. Sie geht in die 6. Klasse und arbeitet auf einer Tabakplantage. Sie sammelt die reifen Tabakblätter ein und bindet sie zusammen. Während der Erntezeit hat sie keine Möglichkeit zur Schule zu gehen. Das Geld, das sie verdient, nutzt sie, um die Schulgebühren zu bezahlen.

Change (12 Jahre) lebt in Sambia. Er arbeitet von 7 Uhr bis 12 Uhr in einer Sandgrube und geht anschließend nach Hause, um sich auf die Schule vorzubereiten. Die geht bis 16 Uhr. Danach geht er wieder bis ca. 21 Uhr zur Arbeit.

A. Bach/U. Tilsner: Globales Lernen im Deutschunterricht 8–10
© Auer Verlag

Didaktisch-methodische Überlegungen

Kompetenzen der Unterrichtseinheit

 Rede- und Gesprächskompetenz, Schreibkompetenz

Rede- und Gesprächskompetenz

Die Schüler*innen können …

- nachvollziehbar, sachlich und begründet über eigene und die Standpunkte anderer diskutieren.
- individuelle Vorstellungen und Empfindungen, die beim Lesen bzw. Rezipieren entstehen, zum Ausdruck bringen.
- auf Gesprächsbeiträge mittels relevanter Begründungen unter Berücksichtigung der Meinung anderer eingehen.

Schreibkompetenz

Die Schüler*innen können …

- sich sprachlich angemessen ausdrücken.
- Texte in andere Darstellungsformen übertragen.
- sich mit der historischen Veränderung von Sprache auseinandersetzen.

AB Schiller: Der Handschuh

Stundenziele

1. Die Schüler*innen fassen den Inhalt einer Ballade zusammen und beschreiben die Situation des Ritters.
2. Die Schüler*innen diskutieren über die Geschlechterrolle in der damaligen Zeit.
3. Die Schüler*innen übertragen den Inhalt der Ballade in die heutige Zeit und schreiben die Ballade entsprechend um.

Vorbereitungen

Da die Sprache des 18. Jahrhunderts den Lernenden vermutlich fremd ist, müssen ihnen unbekannte Begriffe in der Ballade vorab erklärt werden.

Erwartungshorizont

Aufgabe 1a

Bei einem Kampf im Mittelalter zwischen einem Löwen und einem Tiger wirft eine Dame ihren Handschuh „versehentlich" in die Arena zwischen die gefährlichen Raubkatzen. Sie fordert den sie liebenden Ritter dazu auf, ihr den Handschuh zu holen. Der Ritter kommt ihrer Aufforderung nach. Die Dame scheint ihn dafür mit ihrer Liebe belohnen zu wollen, der Ritter aber verzichtet und wirft ihr den Handschuh ins Gesicht.

Aufgabe 1b

Der Ritter soll der Dame seine Liebe beweisen, indem er sein Leben für einen Handschuh riskieren soll.

Aufgabe 2a

Der Ritter weist die Liebe der Dame zurück, da diese leichtfertig sein Leben aufs Spiel gesetzt hat. Eine Liebe, die nur darauf beruht, sich in einer Gefahr zu beweisen, kann keine Liebe sein.

Aufgabe 2b

Das Fräulein Kunigunde ist zurückhaltend in ihrer Zuneigung, aber dem Ritter gegenüber fordernd. Sie verspottet schon im Vorfeld sein vermeintliches Versagen und seine Liebe. Der Ritter geht ihrer For-

A. Bach / U. Thisner: Globales Lernen im Deutschunterricht 8–10
© Auer Verlag

derung jedoch nach und reagiert für Kunigunde unerwartet. Daraus ergibt sich für die Geschlechterrolle der damaligen Zeit: der Mann wird als „der Starke" gesehen, der sich für die Frau in Gefahr begibt. Die Frau setzt dies aber auch als selbstverständlich voraus. Sie hat die Rolle der Nehmenden. Dieses Rollenverständnis wird für viele Schüler*innen heute vermutlich nicht mehr nachvollziehbar sein.

 ## AB Heine: Am Teetisch

Stundenziele

1. Die Schüler*innen äußern spontan ihre Gedanken zu einem Gedicht.

2. Die Schüler*innen fassen den Inhalt des Gedichts knapp zusammen.

3. Die Schüler*innen setzen sich argumentativ mit bestimmten Fragestellungen zum Gedicht auseinander.

4. Die Schüler*innen schreiben einen Steckbrief zu einer im Gedicht beschriebenen Person.

5. Die Schüler*innen erstellen drei Standbilder zum Gedicht und führen diese vor.

Vorbereitungen

Unklare Begriffe im Gedicht, die auf einen älteren Sprachgebrauch hinweisen, müssen den Lernenden vorab erklärt werden. Für *Aufgabe 1b* sollten von der Lehrkraft ausreichend Plakatstreifen und Eddings zur Verfügung gestellt werden. Für das „Viereckengespräch" in *Aufgabe 3* muss die Klasse in vier Gruppen eingeteilt werden, die sich gleichmäßig in den vier Ecken des Klassenraums verteilen. Die in der jeweiligen Ecke besprochene Frage ist von der Lehrkraft im Vorfeld auf ein Plakat bzw. Flipchart-Papier zu schreiben. Damit sich die Lernenden für die Standbilder in *Aufgabe 5* problemlos im Raum aufstellen können, bietet es sich an, einen größeren Raum oder den Schulhof aufzusuchen.

Erwartungshorizont

Aufgabe 2b
Strophe 1: Damen und Herren sitzen gemeinsam beim Tee und sprechen über die Liebe.
Strophe 2: Hofrat und Hofrätin sind offenbar unterschiedlicher Meinung.
Strophe 3: Der Domherr spricht von der gesundheitsschädigenden Wirkung der Liebe.
Strophe 4: Die Gräfin erinnert sich an andere Zeiten.
Strophe 5: Der Ich-Erzähler spricht von seiner Liebsten, die nicht anwesend ist.

Aufgabe 3a
Wie stehen die einzelnen Personen im Gedicht zueinander? Hofrat und Hofrätin: verheiratet, platonische Liebe; Domherr und Fräulein: in keiner engen Beziehung, scheinen sich zu kennen; Gräfin und Baron: könnten freundschaftlich miteinander verbunden sein oder ein Verhältnis haben; Ich-Erzähler und Liebchen: Liebhaber und Geliebte.
Was sagt das Gedicht über die Beziehung der Geschlechter zueinander aus? Die Herren sind die Wortführer und stehen im Vordergrund. Die Damen sind zurückhaltend und nehmen am Gespräch nur mit einem Wort oder einer Geste teil.
Mit welcher Person im Gedicht kannst du dich am ehesten identifizieren und warum? Individuelle Antworten.
Wieso kann Liebe der Gesundheit schaden? z.B. wenn sie in Gewalt ausartet. Der Domherr denkt dabei sicherlich auch an Sexualität, die der Lustbefriedigung und nicht ausschließlich der Fortpflanzung dient.

Aufgabe 3b
Steckbrief Domherr: rundlicher Körperbau, behäbig, rotes Gesicht, in vollem Ornat, konservativ gläubig, der Sexualität abgeneigt.
Der Kreativität der Lernenden sind hier keine Grenzen gesetzt.

A. Bach / U. Tilsner: Globales Lernen im Deutschunterricht 8–10
© Auer Verlag

Aufgabe 4

Ein Gespräch dieser Art würde heute so nicht mehr geführt werden, da sich das Selbstverständnis und das Selbstbewusstsein der Frau verändert haben. Auch die Männer haben heute eine andere Auffassung von der Rolle und den Aufgaben der Frau als noch zur damaligen Zeit. An Gesprächen nehmen heute beide Parteien gleichwertig teil.

 ## AB Kleist: Mann und Frau

Stundenziele

1. Die Schüler*innen analysieren anhand eines Briefausschnitts die Position von Mann und Frau in der damaligen Zeit.

2. Die Schüler*innen vergleichen die in dem Briefausschnitt dargestellte Geschlechterrolle mit der in der heutigen Zeit und nehmen dazu Stellung.

3. Die Schüler*innen gestalten einen Zeitstrahl, auf dem die Entwicklung der Gleichberechtigung zwischen Mann und Frau dargestellt wird.

Vorbereitungen

Für die Recherche in *Aufgabe 4* ist es notwendig, dass alle einen Zugang zum Internet haben. Zur Visualisierung des Zeitstrahls sind den Lernenden Plakate (oder Flipchart-Papier) sowie Eddings zur Verfügung zu stellen.

Erwartungshorizont

Aufgabe 1

Kleist bezeichnet den Mann als „Bürger des Staates". Das bedeutet, der Mann hat Rechte und Pflichten im Staat zu erfüllen. Die Frau dagegen ist rechtlos und nur ein „Anhängsel" des Mannes.

Aufgabe 2

In dem Briefausschnitt von Kleist wird deutlich, dass die Frau in der damaligen Gesellschaft „unter" dem Mann stand. Sie hatte wenig bzw. nichts zu sagen und war lediglich für das Wohlbefinden des Mannes verantwortlich. Sie hatte selbst keine eigenen Rechte, nur Pflichten. Heute schreibt das Gesetz in Deutschland eine Gleichstellung von Mann und Frau vor. Doch die Realität sieht leider immer noch oft anders aus und Frauen werden in bestimmten Bereichen benachteiligt (z. B. Bezahlung, Führungspositionen etc.). In manchen Ländern (z. B. Indien) ist die Frau auch heute häufig noch „weniger wert" als der Mann.

In der Diskussion sollte deutlich werden, dass Frauen und Männer weltweit und in allen Bildungsschichten die gleichen Rechte und Pflichten haben sollten.

Mögliche Links für die Diskussion:

* https://www.grin.com/document/106548
* https://www.planet-wissen.de/kultur/asien/indien/pwiefraueninindien100.html

Weiterarbeit

Mögliche Fragen für eine weiterführende Diskussion: Wie siehst du deine Geschlechterrolle im Alltag? Wurdest du schon einmal wegen deines Geschlechts benachteiligt? Wenn ja, wann und wo? Welche Geschlechterrollen finden sich z. B. im Fernsehen und im Internet?

 ## AB Droste-Hülshoff: Am Turme

Stundenziele

1. Die Schüler*innen beschreiben die Situation des lyrischen Ichs in einem Gedicht.

2. Die Schüler*innen schreiben ein eigenes Gedicht aus einer anderen Perspektive.

3. Die Schüler*innen setzen ein Gedicht szenisch um.

A. Bach/U. Tilsner: Globales Lernen im Deutschunterricht 8 – 10
© Auer Verlag

Vorbereitungen

Unbekannte Begriffe im Gedicht (z. B. Mänade, Fant, Wimpel, Standarte, Kiel, Riff) müssen den Lernenden vorab erklärt werden. Damit sich alle Klassenmitglieder für die szenische Darstellung der Gedichte in *Aufgabe 4* problemlos aufstellen können, bietet es sich an, einen größeren Raum oder den Schulhof aufzusuchen.

Erwartungshorizont

Aufgabe 1
Die Schüler*innen können die Situation des lyrischen Ichs in jeder einzelnen Strophe beschreiben (z. B. Fischer, Jäger, Soldat) oder in dem gesamten Gedicht (z. B. die Frau steht auf dem Turm und sehnt sich nach Freiheit).

Aufgabe 3
Das lyrische Ich wird durch seine Rolle als Frau an seinen Wünschen gehindert.

Weiterarbeit

Mögliche Fragen für eine weiterführende Diskussion: Warum ist es dem lyrischen Ich des Gedichts nicht möglich, seine Sehnsüchte zu leben? Welche Sehnsüchte habt ihr in euren eigenen Gedichten zum Ausdruck gebracht? Sind diese Sehnsüchte lebbar? Falls ja, warum?
Im Anschluss an die Lerneinheit könnten auch neuere Gedichte herangezogen und besprochen werden. Haben sich die Rollenbilder verändert? Wenn ja, wie?

A. Bach / U. Tilsner: Globales Lernen im Deutschunterricht 8–10
© Auer Verlag

Ballade: Der Handschuh

Vor seinem Löwengarten,
Das Kampfspiel zu erwarten,
Saß König Franz,
Und um ihn die Großen der Krone,
5 Und rings auf hohem Balkone
Die Damen in schönem Kranz[1].

Und wie er winkt mit dem Finger,
Auf tut sich der weite Zwinger,
Und hinein mit bedächtigem Schritt
10 Ein Löwe tritt,
Und sieht sich stumm
Rings um,
Mit langem Gähnen,
Und schüttelt die Mähnen,
15 Und streckt die Glieder,
Und legt sich nieder.

Und der König winkt wieder,
Da öffnet sich behend[2]
Ein zweites Tor,
20 Daraus rennt
Mit wildem Sprunge
Ein Tiger hervor,
Wie der den Löwen erschaut,
Brüllt er laut,
25 Schlägt mit dem Schweif
Einen furchtbaren Reif,
Und recket die Zunge,
Und im Kreise scheu
Umgeht er den Leu[3]
30 Grimmig schnurrend;
Drauf streckt er sich murrend
Zur Seite nieder.

Und der König winkt wieder,
Da speit das doppelt geöffnete Haus
35 Zwei Leoparden auf einmal aus,

Die stürzen mit mutiger Kampfbegier
Auf das Tigertier,
Das packt sie mit seinen grimmigen Tatzen,
Und der Leu mit Gebrüll
40 Richtet sich auf, da wird's still,
Und herum im Kreis,
Von Mordsucht heiß,
Lagern die gräulichen[4] Katzen.

Da fällt von des Altans[5] Rand
45 Ein Handschuh von schöner Hand
Zwischen den Tiger und den Leu'n
Mitten hinein.

Und zu Ritter Delorges spottenderweis
Wendet sich Fräulein Kunigund:
50 „Herr Ritter, ist Eure Liebe so heiß,
Wie Ihr mir's schwört zu jeder Stund,
Ei, so hebt mir den Handschuh auf."

Und der Ritter in schnellem Lauf
Steigt hinab in den furchtbarn Zwinger
55 Mit festem Schritte,
Und aus der Ungeheuer Mitte
Nimmt er den Handschuh mit
keckem Finger.

Und mit Erstaunen und mit Grauen
60 Sehen's die Ritter und Edelfrauen,
Und gelassen bringt er den
Handschuh zurück.
Da schallt ihm sein Lob aus jedem Munde,
Aber mit zärtlichem Liebesblick –
65 Er verheißt ihm sein nahes Glück –
Empfängt ihn Fräulein Kunigunde.
Und er wirft ihr den Handschuh ins Gesicht:
„Den Dank, Dame, begehr ich nicht",
Und verlässt sie zur selben Stunde.

Quelle: Friedrich Schiller: Der Handschuh (1797)

1 Kranz: Kreis, Runde
2 behend(e): alte Schreibweise von „behänd(e)"
3 Leu: poetisch für „Löwe"
4 gräulich: neue Schreibweise von „greulich" (von „Grauen"), d. h. grauenerregend
5 Altan: balkonähnliche Plattform

A. Bach/U. Tilsner: Globales Lernen im Deutschunterricht 8–10
© Auer Verlag

© sandipruel – stock.adobe.com

 Erkennen

Aufgabe 1

a) Fasse den Inhalt der Ballade „Der Handschuh" kurz zusammen.

b) Beschreibe stichpunktartig die Situation des Ritters.

 Bewerten

Aufgabe 2

a) Die Reaktion des Ritters wird in den letzten drei Zeilen der Ballade dargestellt.
Begründe ausführlich, warum der Ritter so reagiert.

b) Welche Schlussfolgerung über die Rolle der Geschlechter
in der damaligen Zeit kann man aus der Ballade ziehen?
Diskutiert darüber in der Klasse.

Aufgabe 3

Schreibe die Ballade so um, dass sie in der heutigen Zeit hätte stattfinden können.

 Handeln

Aufgabe 4

Verfasst in Kleingruppen einen Rap, der den Inhalt der Ballade zum Thema hat.

A. Bach / U. Tilsner: Globales Lernen im Deutschunterricht 8 – 10
© Auer Verlag

Heine: Am Teetisch

 **Erkennen**

Gedicht: Am Teetisch

Sie saßen und tranken am Teetisch,
und sprachen von Liebe viel.
Die Herren, die waren ästhetisch,
die Damen von zartem Gefühl.

5 „Die Liebe muß sein platonisch",
der dürre Hofrat sprach.
Die Hofrätin lächelt ironisch.
Und dennoch seufzet sie: „Ach!"

Der Domherr öffnet den Mund weit:
10 „Die Liebe sei nicht zu roh,

sie schadet sonst der Gesundheit."
Das Fräulein lispelt: „Wieso?"

Die Gräfin spricht wehmütig:
„Die Liebe ist eine Passion!"
15 Und präsentieret gütig
die Tasse dem Herren Baron.

Am Tische war noch ein Plätzchen;
mein Liebchen, da hast du gefehlt.
Du hättest so hübsch, mein Schätzchen,
20 von deiner Liebe erzählt.

Quelle: Heinrich Heine: Am Teetisch (1822)

Aufgabe 1

a) Lies das Gedicht „Am Teetisch". Welche Gedanken kommen dir dabei spontan in den Sinn? Schreibe diese auf.

b) Schreibt eure Gedanken in Kleingruppen auf Plakatstreifen und clustert diese anschließend an der Tafel.

Aufgabe 2

a) Fasse den Inhalt jeder Strophe in einem Satz zusammen.

b) Finde zu dem Gedicht eine weitere passende Überschrift.

 Bewerten

Aufgabe 3

a) Besprecht in einem „Viereckengespräch" folgende Fragen:
  ● Wie stehen die einzelnen Personen im Gedicht zueinander?
  ● Was sagt das Gedicht über die Beziehung der Geschlechter zueinander aus?
  ● Mit welcher Person im Gedicht kannst du dich am ehesten identifizieren und warum?
  ● Wieso kann Liebe der Gesundheit schaden (siehe 3. Strophe)?

b) Schreibe zu einer der im Gedicht beschriebenen Personen einen Steckbrief.

Aufgabe 4

Stelle dir vor, das Gespräch würde heute geführt werden. Wie würde dieses Gespräch heute ablaufen? Begründe deine Meinung.

 Handeln

Aufgabe 5

Erstellt in Kleingruppen zu dem Gedicht drei Standbilder. Die jeweiligen Übergänge zwischen den Standbildern sollten fließend gestaltet werden (z. B. in Zeitlupe bzw. langsam). Führt eure Standbilder anschließend in der Klasse vor.

A. Bach/U. Tilsner: Globales Lernen im Deutschunterricht 8–10
© Auer Verlag

© Andrey Popov – stock.adobe.com

> Der Mann ist nicht bloß der Mann seiner Frau,
> er ist auch ein Bürger des Staates;
> die Frau hingegen ist nichts,
> als die Frau ihres Mannes.
>
> *Quelle: Heinrich von Kleist: Brief an Wilhelmine Zenge (Mai 1800)*

 Erkennen

Aufgabe 1

Arbeite heraus, wie Kleist in dem obigen Briefausschnitt die Position von Mann und Frau in der damaligen Gesellschaft darstellt. Mache dir dazu Notizen.

 Bewerten

Aufgabe 2

a) Vergleiche die Stellung der Geschlechter in dem Briefausschnitt von Kleist mit der in der heutigen Zeit. Findest du die dargestellte Position der Geschlechter heute noch wieder? Falls ja, wo?

b) Tragt eure Ergebnisse in der Klasse zusammen. Diskutiert über Gemeinsamkeiten, Unterschiede und sich daraus ergebende Konsequenzen.

Aufgabe 3

Schreibe einen Brief, in dem die Gleichberechtigung zwischen Mann und Frau deutlich zum Ausdruck gebracht wird.

 Handeln

Aufgabe 4

Recherchiert in Kleingruppen im Internet über die Entwicklung der Gleichberechtigung zwischen Mann und Frau und gestaltet dazu einen Zeitstrahl. Stellt dabei auch mögliche Zukunftsvisionen dar.

A. Bach / U. Tilsner: Globales Lernen im Deutschunterricht 8 – 10
© Auer Verlag

Droste-Hülshoff: Am Turme

Erkennen

Gedicht: Am Turme

Ich steh' auf hohem Balkone am Turm,
Umstrichen vom schreienden Stare,
Und lass' gleich einer Mänade den Sturm
Mir wühlen im flatternden Haare;
5 O wilder Geselle, o toller Fant,
Ich möchte dich kräftig umschlingen,
Und, Sehne an Sehne, zwei Schritte vom Rand
Auf Tod und Leben dann ringen!

10 Und drunten seh' ich am Strand, so frisch
Wie spielende Doggen, die Wellen
Sich tummeln rings mit Geklaff und Gezisch,
Und glänzende Flocken schnellen.
O, springen möcht' ich hinein alsbald,
15 Recht in die tobende Meute,
Und jagen durch den korallenen Wald
Das Walroß, die lustige Beute!

Und drüben seh ich ein Wimpel wehn
So keck wie eine Standarte,
20 Seh auf und nieder den Kiel sich drehn
Von meiner luftigen Warte;
O, sitzen möcht' ich im kämpfenden Schiff,
Das Steuerruder ergreifen,
Und zischend über das brandende Riff
25 Wie eine Seemöve streifen.

Wär' ich ein Jäger auf freier Flur,
Ein Stück nur von einem Soldaten,
Wär' ich ein Mann doch mindestens nur,
So würde der Himmel mir raten;
30 Nun muß ich sitzen so fein und klar,
Gleich einem artigen Kinde,
Und darf nur heimlich lösen mein Haar,
Und lassen es flattern im Winde!

Quelle: Annette von Droste-Hülshoff: Am Turme (1842)

Aufgabe 1
Lies dir das Gedicht „Am Turme" mehrmals durch und
beschreibe anschließend die Situation des lyrischen Ichs.

Bewerten

Aufgabe 2
a) Schreibe ein Gedicht aus der Perspektive eines jungen Mannes, der sich
in der Situation des lyrischen Ichs aus dem obigen Gedicht befindet.
b) Vergleiche dein Gedicht mit dem deines Partners und setzt eure Gedichte
dann in Beziehung zum Gedicht von Annette von Droste-Hülshoff.

Aufgabe 3
Diskutiert in der Klasse darüber, was das lyrische Ich im obigen Gedicht
daran hindert, seine Wünsche umzusetzen.

Handeln

Aufgabe 4
Stellt das Gedicht von Annette von Droste-Hülshoff oder eines eurer eigenen Gedichte in einer Kleingruppe szenisch dar.

A. Bach/U. Tilsner: Globales Lernen im Deutschunterricht 8–10
© Auer Verlag

Alle Unterrichtsmaterialien

der Verlage Auer, AOL-Verlag und PERSEN

» jederzeit online verfügbar

lehrerbuero.de
Jetzt kostenlos testen!

» lehrerbüro
Das Online-Portal für Unterricht und Schulalltag!